やさしいスチューデントトレーナーシリーズ 3

新 スポーツ生理学

一般社団法人
メディカル・フィットネス協会 監修

三村寛一
鉄口宗弘 編

灘本雅一
織田恵輔
大島秀武
上田真也
坂井智明
臼井達矢
原丈貴
安部惠子

嵯峨野書院

監修にあたって

　野球，サッカー，テニスなど数多くのスポーツにおいて，日本人のスポーツ選手が世界レベルで活躍しています。このように一流とよばれるトップアスリートは，自分自身の健康管理はもちろんのこと，スポーツ医科学の知識も理解しているものと考えられます。

　今後は，次代を担う青少年のスポーツ選手たちにも期待がかかります。このようなスポーツ選手に限らず，多くの一般スポーツ実践者においても，正しいトレーニング指導だけではなく，健康管理，傷害予防，救急処置などの適切な対応が必要となります。そこで，幅広い知識・技術を習得したスポーツトレーナーが地域スポーツの現場で活躍することは，そのスポーツの発展にも寄与することとなり得ます。

　メディカル・フィットネス協会は，1998（平成10）年から『スチューデントトレーナー』という資格認定制度を実施し，多くの地域スポーツ現場で活躍する人材を輩出してきました。メディカル・フィットネス協会認定スチューデントトレーナーとは，スポーツトレーナーとしての専門的な知識，技術を習得した指導者に与えられる資格であり，トレーナー活動を通じて幅広くスポーツ選手のサポートをするのに必要な資格といえます。

　現在では初級・中級・上級という三段階の資格制度とし，よりきめ細かな人材育成に取り組んでおります。さらに効果的な「健康づくり」の実現のために，医療分野と運動分野を結び付けて，全ての人々に対応できる運動習慣の普及と推進，指導者の育成と教育の充実を目的に活動しております。

　当協会では，2002（平成14）年に初版を発行し，再版を重ねてきました「やさしいスチューデントトレーナーシリーズ」全9巻（①スポーツ社会学，②スポーツ心理学，③スポーツ生理学，④スポーツ医学，⑤スポーツ栄養学，⑥スポーツ指導論，⑦アスレティック・リハビリテーション，⑧コンディショニング，⑨テーピング）を，時代の変化に対応するため，専門分野に精通しておられる大学教授の先生方に編集をお願いし，このほど新シリーズとして刊行するに至りました。

　最後に，内容を一新した本書が今後とも多くの方々に広く活用され，スポーツの発展に役立てられることを期待しています。

2018（平成30）年

　　　　　　　　　　　　　　　　　　　　　一般社団法人　メディカル・フィットネス協会

はじめに

　2020年，第32回オリンピックが東京で開催されることが決定し，開催まで後2年へと近づいて来ました。野球・ソフトボール，空手，ローラースポーツ，サーフィン，スポーツクライミングが新しい競技に加えられ33競技339種目に，競技場，競技日程（7月22日（土）から8月9日（日））も決まりカウントダウンが開始され，日本国民のスポーツに関する関心がますます高まっている。

　スポーツはオリンピック，国民体育大会等の競技力向上，子どもから高齢者に至る人々の体力向上および健康維持増進，怪我や病気からの社会復帰のための運動療法等に大きく区分する事が出来，スポーツ庁，文部科学省，厚生労働省等の国の機関を中心に対策・普及活動が実践されている。

　2002年にやさしいスチューデントトレーナーシリーズのスポーツ生理学を発刊してから15年が経過し，国民のスポーツに関する興味・考え方・参加年齢等が大きく変化し，健康・スポーツが重要な課題の1つとして取り上げられています。本改訂版では著者を一新し，従来の内容をもとにさらに新しい内容を加えて改訂しました。

　本書は13章から構成されています。第1章では骨格系とスポーツの観点から，骨の構造，骨の働き，発育期の骨と運動，成人・高齢者の骨と運動，骨とホルモン，骨と栄養について，第2章では筋肉とスポーツの観点から，骨格筋の構造と機能，骨格筋繊維のタイプと働き，筋収縮の様式，筋収縮のエネルギー，骨格筋の成長と老化，サルコペニア・フレイルと運動，筋疲労のメカニズムについて，第3章では呼吸器系とスポーツの観点から，呼吸器系の構造と呼吸のメカニズム，呼吸器系の働き（ガス交換），呼吸器系と運動について，第4章では循環器系とスポーツの観点から，循環器の構造，循環のメカニズム，循環器系と運動，血圧について，第5章では脳・神経系とスポーツの観点から，神経系の分類と構造，神経系と運動，脳と運動について，第6章ではエネルギー代謝とスポーツの観点から，1日のエネルギー代謝，エネルギー代謝の測定方法，運動時のエネルギー代謝（運動強度）の示し方について，第7章では代謝とスポーツの観点から，糖代謝と運動，脂質代謝と運動，呼吸商と呼吸交換比，エネルギー摂取と運動について，第8章では体温調節とスポーツの観点から，体温調節機能の仕組みと働き，熱産生と熱放散，運動時の体温調節，熱中症と運動について，第9章では免疫系とスポーツの観点から，免疫系の構造と機能，免疫機能の成長と老化，免疫機能と運動，免疫機能と自律神経について，第10章では内分泌系とスポーツの観点から，内分泌系の構造，ホルモンの分類，ホルモンによる代謝調節，ホルモンと成長・老化，ホルモンと運動について，第11章では肥満とスポーツの観点から，肥満，肥満

症とは，肥満の判定基準，脂肪細胞の働きと機能，肥満に対する運動効果について，第12章では運動プログラムの理論の観点から，健康と体力，体力測定，トレーニングの三大原理および五大原則について，第13章では，運動プログラムの実践例の観点から，中高年肥満女性の肥満改善プログラムの効果，心身両面における高齢者太極拳のトレーニング効果について分かりやすく論じています。

　本書は専門学校，短期大学，4年制の大学でスポーツトレーナー，コーチ，運動指導士だけでなくスポーツを行う学生や一般市民にも幅広く愛読され，スポーツの現場で活用される事を期待します。

2018（平成30）年

三 村 寛 一

● 目　次 ●

監修にあたって …………………………………………………………………………………… i
は じ め に ………………………………………………………………………………………… iii

第1章　骨格系とスポーツ　　　　　　　　　　　　　　　　　　　　　　　　　1

❶　骨 の 構 造 …………………………………………………………………………1
　　（1）　骨 の 種 類　1
　　（2）　骨の外部構造と内部構造　2
　　（3）　骨 の 組 織　3
❷　骨 の 働 き …………………………………………………………………………4
❸　発育期の骨と運動 …………………………………………………………………4
❹　成人・高齢者の骨と運動 …………………………………………………………5
❺　骨とホルモン ………………………………………………………………………6
❻　骨 と 栄 養 …………………………………………………………………………7
　　（1）　摂取が望ましいミネラル，ビタミン　7
　　（2）　過剰摂取を控えることが望ましいミネラル，ビタミン　8
　　ま　と　め ……………………………………………………………………………9

第2章　筋肉とスポーツ　　　　　　　　　　　　　　　　　　　　　　　　　　10

❶　骨格筋の構造と機能 ………………………………………………………………10
　　（1）　筋肉の分類　10
　　（2）　骨格筋の構造　10
❷　骨格筋線維のタイプと働き ………………………………………………………12
　　（1）　筋線維の分類方法　12
　　（2）　筋線維の分類による特性　12
❸　筋収縮の様式 ………………………………………………………………………13
❹　筋収縮のエネルギー ………………………………………………………………14
　　（1）　エネルギー源（エネルギー通貨）　14
　　（2）　エネルギー供給システム　15
　　（3）　エネルギー供給システムと運動時間の関係　16
❺　骨格筋の成長と老化 ………………………………………………………………17

　　　　（1）筋線維数　17
　　　　（2）骨格筋の成長と老化　18
　　　　（3）トレーニングによる筋線維組成の変化　18
　　❻ サルコペニア・フレイルと運動……………………………………………18
　　　　（1）サルコペニア　18
　　　　（2）フレイル　19
　　❼ 筋疲労のメカニズム…………………………………………………………19
　　まとめ……………………………………………………………………………21

第3章　呼吸器系とスポーツ　22

　　❶ 呼吸器系の構造と呼吸のメカニズム………………………………………22
　　　　（1）呼吸器の構造　22
　　　　（2）呼吸のメカニズム　23
　　❷ 呼吸器系の働き（ガス交換）………………………………………………24
　　　　（1）外呼吸と内呼吸　24
　　　　（2）ガス交換　24
　　❸ 呼吸器系と運動………………………………………………………………25
　　　　（1）換気量　25
　　　　（2）肺活量（Vital capacity）　26
　　　　（3）呼吸筋のトレーニング効果　26
　　　　（4）酸素摂取量と酸素負債量　27
　　まとめ……………………………………………………………………………29

第4章　循環器系とスポーツ　30

　　❶ 循環器の構造…………………………………………………………………30
　　❷ 循環のメカニズム……………………………………………………………31
　　　　（1）血液の循環経路　31
　　　　（2）マッスルポンプ　32
　　　　（3）心収縮のメカニズム　32
　　❸ 循環器系と運動………………………………………………………………34
　　　　（1）心拍出量　34
　　　　（2）動静脈酸素較差　36

（3）血液再分配　37
❹ 血　　　圧……………………………………………………………………37
　まとめ……………………………………………………………………………39

第5章　脳・神経系とスポーツ　　40

❶ 神経系の分類と構造……………………………………………………………40
　　（1）神経系の分類　40
　　（2）神経系の構造　42
❷ 神経系と運動……………………………………………………………………43
　　（1）随意運動　43
　　（2）反射運動　44
❸ 脳と運動…………………………………………………………………………44
　　（1）発育期の脳と運動　44
　　（2）脳の老化と運動　45
　まとめ……………………………………………………………………………48

第6章　エネルギー代謝とスポーツ　　49

❶ 1日のエネルギー代謝…………………………………………………………49
　　（1）基礎代謝　49
　　（2）活動代謝　50
　　（3）食事誘発性熱産生　50
❷ エネルギー代謝の測定方法……………………………………………………50
　　（1）直接熱量測定法　50
　　（2）間接熱量測定法　51
　　（3）二重標識水（Doubly labeled water：DLW）法　51
　　（4）心拍数法　52
　　（5）加速度計法　52
　　（6）生活活動記録法　53
❸ 運動時のエネルギー代謝（運動強度）の示し方……………………………53
　　（1）％$\dot{V}O_2$max（最大酸素摂取量の相対値）　53
　　（2）％HRreserve（心拍数予備の相対値：カルボーネン法）　53
　　（3）AT（無酸素性作業閾値）　54

　　　　（4）メッツ　55
　　　　（5）RPE（自覚的運動強度）　56
　　まとめ……………………………………………………………………58

第7章　代謝とスポーツ　59

　❶ 糖代謝と運動…………………………………………………………59
　　　（1）エネルギー源としての糖質　59
　　　（2）運動時における糖代謝　59
　　　（3）運動トレーニングによる糖代謝の適応　61
　❷ 脂質代謝と運動………………………………………………………62
　　　（1）エネルギー源としての脂質　62
　　　（2）運動時における脂質代謝　62
　　　（3）運動トレーニングによる脂質代謝の適応　63
　❸ 呼吸商と呼吸交換比…………………………………………………64
　❹ エネルギー摂取と運動………………………………………………64
　　まとめ……………………………………………………………………66

第8章　体温調節とスポーツ　67

　❶ 体温調節機能の仕組みと働き………………………………………67
　❷ 熱産生と熱放散………………………………………………………68
　　　（1）熱産生　68
　　　（2）熱放散　69
　❸ 運動時の体温調節……………………………………………………70
　❹ 熱中症と運動…………………………………………………………71
　　　（1）熱中症の症状　71
　　　（2）熱中症リスク管理　72
　　　（3）子どもや高齢者の熱中症予防　73
　　まとめ……………………………………………………………………75

第9章　免疫系とスポーツ　76

　❶ 免疫系の構造と機能…………………………………………………76
　　　（1）免疫とは　76

（２）　免疫応答の特徴　76

　　　（３）　免疫の種類　76

　❷　免疫機能の成長と老化……………………………………………………78
　❸　免疫機能と運動……………………………………………………………78

　　　（１）　免疫機能と運動との関連　78

　　　（２）　一過性の運動に伴う免疫応答（白血球）　79

　　　（３）　一過性の運動に伴う免疫応答（局所免疫）　80

　　　（４）　運動の継続と免疫機能への影響　82

　❹　免疫機能と自律神経………………………………………………………84
　　まとめ……………………………………………………………………………86

第10章　内分泌系とスポーツ　87

　❶　内分泌系の構造……………………………………………………………87
　❷　ホルモンの分類……………………………………………………………87
　❸　ホルモンによる代謝調節…………………………………………………88

　　　（１）　糖質代謝　88

　　　（２）　脂質代謝　88

　❹　ホルモンと成長・老化……………………………………………………89
　❺　ホルモンと運動……………………………………………………………90

　　　（１）　カテコールアミン（アドレナリン・ノルアドレナリン）　90

　　　（２）　インスリンとグルカゴン　91

　　　（３）　コルチゾール　91

　　　（４）　成長ホルモン　92

　　まとめ……………………………………………………………………………94

第11章　肥満とスポーツ　95

　❶　肥満，肥満症とは…………………………………………………………95
　❷　肥満の判定基準……………………………………………………………96

　　　（１）　体格による評価　96

　　　（２）　体脂肪率の評価がなぜ必要か？　97

　　　（３）　体脂肪率の測定方法　97

　　　（４）　体脂肪率を用いた肥満の判定基準　97

（5） 体脂肪分布　98
❸ 脂肪細胞の働きと機能……………………………………………………………99
　　　（1） 脂肪組織は脂肪細胞の集合体　99
　　　（2） アディポサイトカイン　99
❹ 肥満に対する運動効果……………………………………………………………100
　　　（1） 運動の減量効果を過大評価してはいけない　100
　　　（2） 減量における運動実践の意義　101
　　　（3） 減量に効果的な運動プログラムは？　102
　　ま　と　め……………………………………………………………………………104

第12章　運動プログラムの理論　　105

❶ 健康と体力…………………………………………………………………………105
　　　（1） 健　康　と　は　105
　　　（2） 体　力　と　は　105
　　　（3） 運動技能関連体力と健康関連体力　106
❷ 体　力　測　定……………………………………………………………………107
　　　（1） 体力測定の目的　107
　　　（2） 体力測定の手順と環境　107
　　　（3） 健康関連体力の測定　108
❸ トレーニングの三大原理および五大原則………………………………………110
　　　（1） トレーニングの三大原理　111
　　　（2） トレーニングの五大原則　112
　　ま　と　め……………………………………………………………………………114

第13章　運動プログラムの実践例　　115

① 中高年肥満女性の肥満改善プログラムの効果…………………………………115
② 心身両面における高齢者太極拳のトレーニング効果…………………………118
　　ま　と　め……………………………………………………………………………123

重要語句集………………………………………………………………………………124

第1章
骨格系とスポーツ

1　骨の構造

(1)　骨の種類

　206個あるヒトの骨は，体の中で骨格という器官を構成している。骨の形態から**長骨**（図1-1a：比較的長くて細い骨；上肢や下肢），**短骨**（図1-1b：箱のような形をした短い骨；手根骨や足根骨），**扁平骨**（図1-1c：海綿骨を挟んだサンドイッチ構造で強度があるわりに軽い；頭蓋骨，肩甲骨，肋骨など），**不規則骨**（図1-1d：表面に切り込みや隆起を持つ複雑な形態をした骨；椎骨，上顎骨など），**種子骨**（図1-1e：小さくて円形で扁平な骨；

長骨
短骨
扁平骨
不規則骨
種子骨

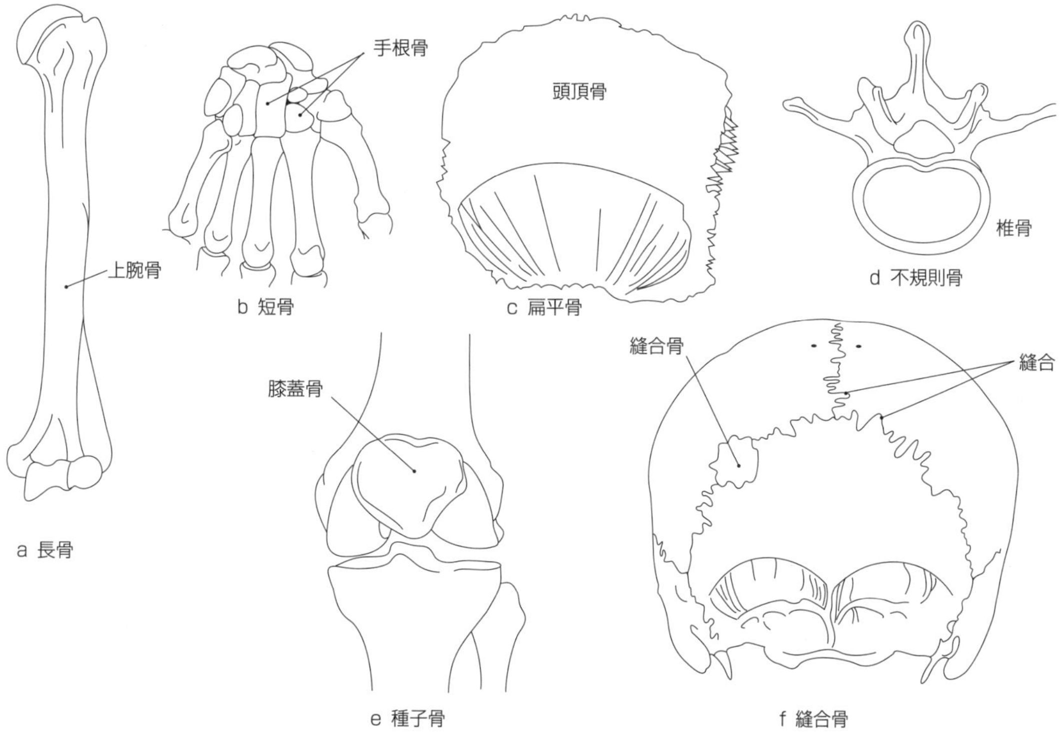

● 図1-1 ●　骨の形態分類

膝蓋骨など），**縫合骨**（図 1-1f：頭蓋の縫合にある小さい扁平な骨）の 6 種類に大きく分類できる[1]。

縫合骨

（2）骨の外部構造と内部構造

　大腿骨や上腕骨のような長骨の外部構造[2]は，骨の中央部を**骨幹**，両端を**骨端**，その間を**骨幹端**といい，骨端は軟骨があり，成長期には骨端線が見られ両端に向かって骨が成長する（図 1-2）。内部構造[3]は，外側から**骨膜**，**皮質骨**（緻密骨），**海綿骨**および**骨髄**のある空洞となっている**骨髄腔**からなる（図 1-3）。骨髄腔には，血管が入り込み骨髄の組織に栄養を送り込んでいる。

骨幹
骨端
骨幹端
骨膜
皮質骨
海綿骨
骨髄
骨髄腔

① **骨膜**は，骨の外層を被う非常に薄い 2 層からなる結合組織である。外層は，血管を含み，周囲の筋肉と付着している。下層は血管が張りめぐり，骨を形成する骨細胞が多く含まれているために骨形成層ともいう。

② **皮質骨**は，骨の外側にある非常に硬い緻密な層板構造で，多くの管があり，その中を血管，神経が通っている。緻密骨と呼ばれる。

③ 海綿骨は，皮質骨の内側で網目状の骨梁を形成し，外部から骨に加わる力を抵抗できる構造となっている。その中に血管が分布し，その周辺で**造血**が行われる。

造血

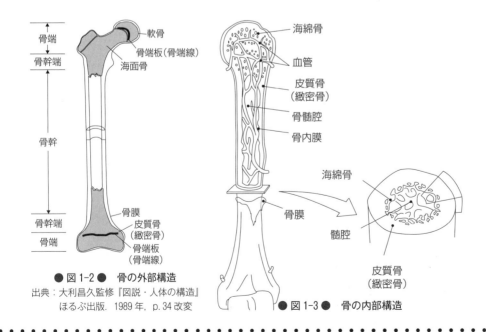

● 図 1-2 ● 骨の外部構造
出典：大利昌久監修『図説・人体の構造』
ほるぷ出版，1989 年，p.34 改変

● 図 1-3 ● 骨の内部構造

④ **骨髄**は骨髄腔を満たす柔らかい海面状の組織で，赤血球，白血球，血小板をつくる造血機能がある。　　　　　　　　　　　　　骨髄

⑤ **関節軟骨**は，骨と骨のつなぎ目の関節部分にあり，関節をスムーズに動きやすくする働きがある。　　　　　　　　　　　　　関節軟骨

(3) 骨の組織

骨の組織は，骨細胞，骨芽細胞，破骨細胞，骨の細胞とその周辺を埋めている無機質（カルシウム，リン）および骨基質（コラーゲン，非コラーゲン）からなる。骨は生涯にわたり代謝活動を活発に行い何度も造り替えられる。その働きは古い骨を壊す破骨細胞による**骨吸収**と骨芽細胞によるコラーゲンなどの骨基質の分泌や合成により新しい骨を形成する**骨形成**からなる。これを**リモデリング**（再構築）[4]という（図1-4）。

骨吸収

骨形成

リモデリング

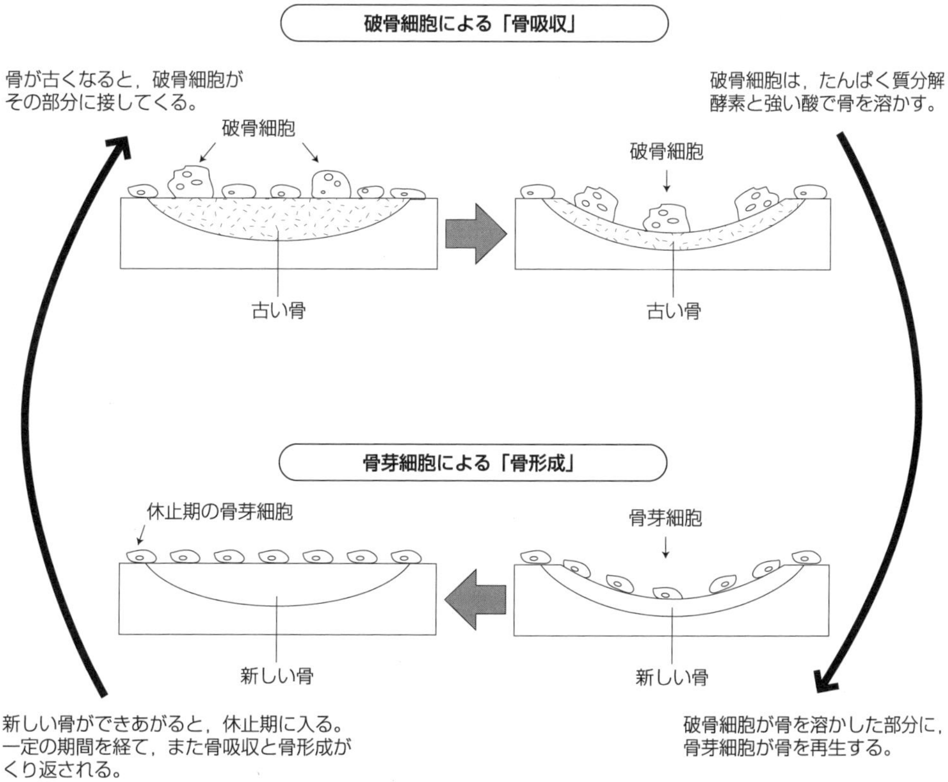

● 図1-4 ● リモデリングの概念図
出典：井上哲朗総監修『これだけは知っておきたい骨粗鬆症』日本放送出版協会，1997年

2 骨の働き

骨の主な機能としては，次の5つがある。①骨格を形成し身体を支える**姿勢保持の働き**，②柔らかく不安定な脳や臓器を格納し**衝撃から守る働き**，③腱を介して骨格筋の収縮により**関節運動を起こす働き**，④筋肉の収縮や神経伝達の生理作用にカルシウム濃度が関与しており，濃度が低下すると骨からカルシウムを取り出し，血中カルシウム濃度を一定に保つ必要があるため**無機質（カルシウム，リンなど）の貯蔵の働き**，⑤生命維持に必要な血液の構成成分である赤血球，白血球，血小板を骨髄にある造血幹細胞で産生する**造血の働き**，がある。

> 姿勢保持の働き
> 衝撃から守る働き
> 関節運動を起こす働き
> 無機質（カルシウム，リンなど）の貯蔵の働き
> 造血の働き

3 発育期の骨と運動

幼児の手のレントゲンイメージ（図1-5a）をみると，成長期特有の**骨端板**がみられる。しかし，成長に伴いこの部分の軟骨産生は低下し，骨芽細胞による骨化がおこり，しだいに骨端板が薄くなり骨端閉鎖となる。大人の手のレントゲンイメージ（図1-5b）では，骨端板があった場所は，**骨端線**[6]として確認できる。骨の成長は，骨幹の両端（図1-6A）にある骨端の軟骨部分を骨化するために上下方向へのびていく。一方，骨幹部分では，骨膜の内側の骨形成がおこり太くなることで強度を高めている

> 骨端板
>
> 骨端線

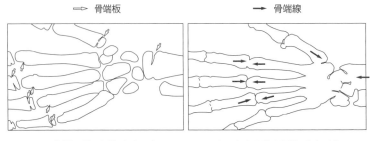

a 幼児の手のX線イメージ　　b 大人の手のX線イメージ
●図1-5● 成長期の骨端板と骨端線

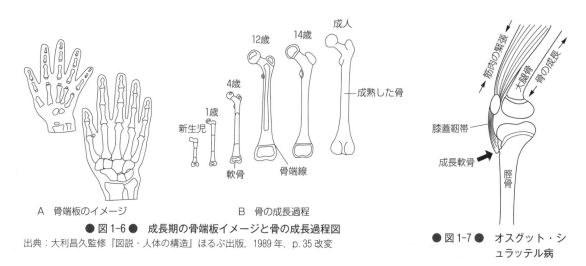

● 図 1-6 ● 成長期の骨端板イメージと骨の成長過程図
出典：大利昌久監修『図説・人体の構造』ほるぶ出版，1989年，p.35 改変

● 図 1-7 ● オスグット・シュラッテル病

（図 1-6B）[7]。このように，骨の形成は，縦方向と横方向への 2 通りの方法で成長していく。

　骨の成長には，適度な運動刺激が必要となる。また，太陽光の紫外線をあびることでビタミンDが作られ，骨の軟化（くる病）を防ぐことができるため，成長期の子どもは外で遊ぶことが，骨の成長にも良いことになる。

　しかし，成長期では大腿四頭筋（膝蓋靭帯）と脛骨の付着部に過度の運動負荷が加わると，付着部が剥離して腱と骨（軟骨）が脛骨粗面に突出（隆起）する**オスグット・シュラッテル病**（図 1-7）といわれる膝の代表的な骨端症になる[8]。突出部周辺の自発痛（何もしなくても痛い），圧痛（圧迫した時に痛い）がおきる。成人になっても突出部の痛みが続くこともある。発育期では，筋の緊張が高まり過ぎる過度の練習はひかえるとともに，回復できる休養を適切に考慮する必要がある。

オスグット・シュラッテル病

4 成人・高齢者の骨と運動

　骨組織は，骨へのカルシウム沈着を行い新しく骨形成する働きをする**骨芽細胞**と古い骨の上に接してたんぱく質分解酵素により強い酸で骨を溶かす骨吸収の働きをする**破骨細胞**と骨に対するメカニカルストレスを感知する**骨細胞**からなる。骨は，常に骨吸収と骨形成を連続的に行うことで，構造や大きさを変化させ，一定の強度を保つ**リモデリング**を行っ

骨芽細胞
破骨細胞
骨細胞
リモデリング

第 1 章　骨格系とスポーツ

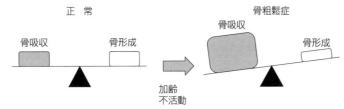

● 図1-8 ● 加齢による骨のリモデリングのバランス変化

ている。しかし，加齢とともにそのバランスが変化してくる（図1-8）。運動によって適度に骨を刺激すれば，リモデリングのバランスが良くなり，骨量を増加もしくは維持できる。そのため，成人期で最大骨量を高め，中高年齢期に定期的な適度な運動を行うことで骨量を維持させ，自立した高齢期を迎えることが理想である。無重力の宇宙空間で数週間滞在した宇宙飛行士や長期入院によりベッドレストの状態が長くなると骨に対する力学的ストレスが減少し骨量が低下する。骨量の維持には，立位姿勢で体重を支える力学的な刺激は最低限必要となる。同じ運動でもジャンプ動作を伴うバレーやバスケット，陸上の跳躍での着地衝撃はメカニカルな刺激として骨に対するインパクトが大きく，骨形成を促進させることで骨量を増加させられる。しかし，このようなメカニカルな刺激は**骨粗鬆症**を有する高齢者にとって，骨に対する刺激が大きく骨折のリスクが高まるため注意が必要となる[9]。

骨粗鬆症

5 骨とホルモン

　腰椎の骨密度の加齢変化をみると男性は20歳代をピークに緩やかに低下しているが，女性は30歳代後半から40歳代にかけて低下しはじめ閉経前後にかけて急激な低下がみられる（図1-9）。骨のリモデリングには**女性ホルモン**のエストロゲンが深く関係し，閉経によりエストロゲンが低下すると骨量も急激に低下して骨粗鬆症のリスクが高くなる[10]。

女性ホルモン

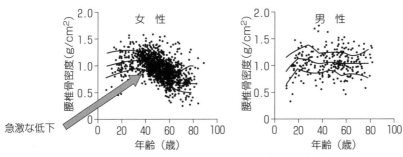

● 図1-9 ● 腰椎第2～4部位における骨密度の加齢変化
出典：山本順一郎編『運動生理学』化学同人, 2014年, p.61

6 骨と栄養

骨を丈夫に保つためには，ミネラル（特にカルシウム），タンパク質，ビタミンを適切に摂取することが望ましい（図1-10）。

● 図1-10 ● 骨と栄養素

（1）摂取が望ましいミネラル，ビタミン

骨の働きの一つに**カルシウム**の貯蔵がある。カルシウムは体内で一番多いミネラルであり，その99％は骨と歯に存在する。食事から摂取するカルシウム量が不足すると，不足分には骨のカルシウムが利用されることになる。そのため，日常的な不足は，骨量の低下につながる。一日あたりの成人の推奨量は，男女ともに650 mgで成長期では850 mgとされている[11]。

カルシウム

主な食品としては，牛乳，乳製品，煮干し，高野豆腐などである。

また，カルシウムを骨に効率よく吸収させるためには，**マグネシウム**を多く含む食品を摂ることが必要となる。主な食品としては，大豆製品，魚介類，緑黄色野菜，海藻などである。

マグネシウム

　次に摂取したカルシウムを消化管から吸収するために必要となるのは**ビタミンD**である。主な食品としては，うなぎ，きくらげ，シイタケなどである。この他，日光の紫外線にあたることで，紫外線の作用により皮下でビタミンDが合成される。

ビタミンD

　骨吸収と骨形成に必要となる**ビタミンK**の不足は，骨折を起こしやすくする。ビタミンKは，緑黄色野菜，納豆，ヨーグルトなどの発酵食品に豊富に含まれている。

ビタミンK

（2） 過剰摂取を控えることが望ましいミネラル，ビタミン

　加工食品に含まれる**リン酸化合物**を過剰摂取するとカルシウムの吸収を低下させるため，骨量の低下につながる。さらに，緑黄色野菜や動物のレバーなどの**ビタミンA**も過剰摂取すると骨折の危険性が高まる[12]。

リン酸化合物

ビタミンA

【参考文献】
1）F.H.マティーニーほか『カラー人体解剖学：構造と機能』西村書店，2003年，p.98
2）大利昌久監修『図説・人体の構造』ほるぷ出版，1989年，p.34
3）F.H.マティーニーほか『カラー人体解剖学：構造と機能』西村書店，2003年，p.87
4）三村寛一編著『健康・スポーツの科学』嵯峨野書院，2006年，p.16
5）井上哲朗総監修『これだけは知っておきたい骨粗鬆症』日本放送出版協会，1997年
6）F.H.マティーニーほか『カラー人体解剖学：構造と機能』西村書店，2003年，p.93
7）大利昌久監修『図説・人体の構造』ほるぷ出版，1989年，p.35
8）山本利春『測定と評価』ブックハウスHD，2001年，p.62
9）上田伸男ほか編『運動と栄養健康づくりのための実践指導』講談社，2013年，p.175
10）山本順一郎編『運動生理学［第3版］』化学同人，2014年，p.61
11）厚生労働省『日本人の食事摂取基準』2015年
12）上田伸男ほか編『運動と栄養健康づくりのための実践指導』講談社，2013年，p.77

まとめ

本章は骨格系と運動の関係について以下の点を中心にまとめた。

1 人間の骨は206個あり，形態から6種類に大きく分類できる。

2 骨の内部構造は，外側から骨膜，皮質骨（緻密骨），海綿骨，骨髄のある空洞となっている骨髄腔から構成されている。骨の組織は，骨細胞，骨芽細胞，破骨細胞と無機質および骨基質からなる。骨は生涯にわたり活発にリモデリングという代謝活動を行っている。

3 骨の主な機能として，①姿勢保持の働き，②衝撃から守る働き，③関節運動を起こす働き，④無機質（カルシウム，リンなど）の貯蔵の働き，⑤骨髄での造血の働きの5つがある。

4 発育期の骨は，成長期特有の骨端板がみられるが，しだいに骨端板が薄くなり骨端閉鎖となる。骨端板があった場所は，骨端線として確認できる。成長期の子どもは日光にあたる外で遊ぶことが，骨の成長にも良い。

5 成人・高齢者の骨は，加齢とともにリモデリングのバランスが低下してくる。骨のリモデリングには女性ホルモンのエストロゲンが深く関係し，閉経によりエストロゲンが低下すると骨量も急激に低下して骨粗鬆症のリスクが高くなる。

6 骨を丈夫に保つためには，カルシウム，タンパク質，ビタミン，ミネラルを適切に摂取することが望ましい。ただし，加工食品に含まれるリン酸化合物やビタミンAを過剰摂取すると骨折の危険性が高まるので気をつけたい。

第2章 筋肉とスポーツ

1 骨格筋の構造と機能

(1) 筋肉の分類

筋肉は，内臓や血管を形成している**平滑筋**と心臓や骨格筋を形成している**横紋筋**に筋組織的に分類される（表2-1）。また，意識的に制御出来るかという点で分類すると**随意筋**，**不随意筋**に分かれる。同じ横紋筋でも骨格筋は随意筋で心筋は不随意筋となる[1]。

● 表 2-1 ● 筋肉の分類

筋組織的分類	意識的制御	筋肉の種類
横紋筋	随意筋	骨格筋
横紋筋	不随意筋	心筋
平滑筋	不随意筋	平滑筋

平滑筋
横紋筋
随意筋
不随意筋

(2) 骨格筋の構造

骨格筋は，筋の両端が腱を介して骨格に付着していることから骨格筋と呼ばれている。筋肉が収縮すると腱を介して骨を引っ張る。筋の両端の一方を起始点，他方を停止点と呼ぶ。**起始点**は，身体の中心点に近い近位端で，**停止点**は，身体の中心点から遠い遠位端または動く部分にある[2]。

起始点
停止点

筋は，いくつかの筋束からなり筋上膜で覆われている。筋束は，いくつかの筋線維からなり筋周膜で覆われている。さらに，筋線維は，数百から数千本の細い**筋原線維**からなり筋内膜で覆われている（図2-1）[3]。

筋原線維

筋線維の内部を筋形質といい，そのほとんどが**ミオシン**と**アクチン**という収縮タンパクからなる筋原線維のフィラメントから構成されている。

ミオシン
アクチン

その他は，筋原線維を取り囲んでカルシウムを取り込むタンクである**筋小胞体**やエネルギーの生産工場であるミトコンドリア，横行小管からなる（図2-2）。筋収縮は，神経からの伝達により，筋小胞体からカルシウムを放出させることで，筋線維内のカルシウム濃度を高め筋原線維の長さを短くさせることで行われる。

筋小胞体

骨格筋が横紋筋と呼ばれるのは，筋線維の長軸に対して交互に縞模様

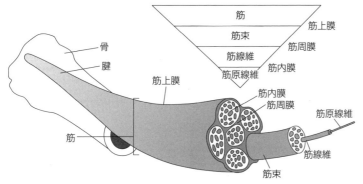

● 図 2-1 ●　骨格筋の構造
出典：冨樫健二編『スポーツ生理学』化学同人，2013 年，p.2 改変

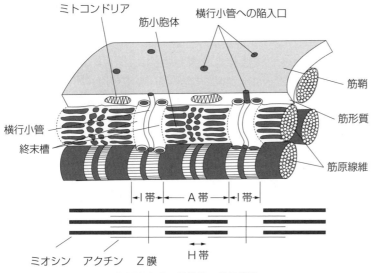

● 図 2-2 ●　骨格筋の微細構造
出典：青木純一郎・佐藤　祐・村岡　功編『スポーツ生理学』市村出版，2001 年，p.13

が観察されるためである。縞模様の明るい部分をⅠ帯，暗い部分をA帯暗帯といい，A帯の中央部にあるやや明るい部分をH帯という。Ⅰ帯中央部にはZ膜といわれる膜で分けられている[4]。Z膜からZ膜を**筋節**といい，筋細胞の最小単位で筋収縮の基本単位[5]である。

筋節

2 骨格筋線維のタイプと働き

(1) 筋線維の分類方法

骨格筋は，魚や動物の筋肉を肉眼的にも赤筋と白筋に見えるため，赤筋線維と白筋線維の2つに分類[6]される。その後，活性の強い酵素をもつミオシンのATP分解酵素が筋の収縮速度と関連していることから，ATPase染色法を用いて，組織化学的に**遅筋**と**速筋**に分類される（図2-3A）。また，ミトコンドリアでのエネルギー生産に関わるコハク酸脱水素酵素（SDH）の活性を利用した染色方法では，遅筋は速筋より濃く染まる特性がある（図2-3B）。そのため，ATPase染色法とコハク酸脱水素酵素の活性を組み合わせることで，SO（Slow-twitch Oxidative）線維，FOG（Fast-twitch Oxidative Glycolytic）線維，FG（Fast-twitch Glycolytic）の3種類のタイプに分類することが可能となった（図2-3C）。

(2) 筋線維の分類による特性

筋線維は，収縮速度の違いから，収縮速度が遅く持久性能力に優れている**遅筋線維**（Slow-twitch fiber：タイプⅠ線維）と収縮速度が速く瞬発力に優れている**速筋線維**（Fast-twitch fiber タイプⅡ線維）に分類できる。さらに，速筋線維は，収縮速度が速く比較的疲労耐性に優れている**タイプⅡa**（FTa）と収縮速度が速く疲労耐性に乏しい**タイプⅡb**（FTb）のサブタイプに分類できる（図2-4）。

また，収縮速度と代謝的特性の違いによる分類では，解糖系酵素活性が低く酸化系酵素活性が高い**SO線維**と酸化系酵素が低く解糖系酵素活性が高い**FG線維**，酸化系および解糖系酵素活性が高い**FOG線維**の3種類がある（図2-4）。SO線維は持久性能力に優れ，FG線維は瞬発能力に優れ，FOG線維は持久性と瞬発性の両方に優れている特性を持っている[7]。

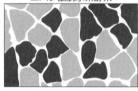

● 図2-3 ● 筋線維の組織化学的分類
出典：青木純一郎・佐藤 祐・村岡 功編
『スポーツ生理学』市村出版，2001年，p.15

遅筋
速筋
遅筋線維
速筋線維
タイプⅡa
タイプⅡb
SO線維
FG線維
FOG線維

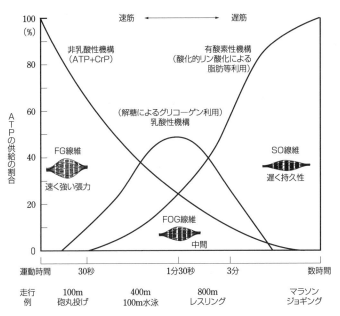

● 図2-4 ● 骨格筋線維のタイプ分類

出典：香川靖雄ほか『図説医化学』南山堂，1992年

3 筋収縮の様式

　筋の収縮様式[9]は，**静的収縮**と**動的収縮**の二つがある（図2-5）。静的収縮は，**等尺性収縮**（図2-5a）ともいい，収縮による活動筋の長さを変えずに張力を増す働きがある。関節角度を変化させずに筋収縮を行うため，特別な器具を必要としない。

　活動筋の長さを変化させる状態で力を発揮する収縮を動的収縮という。

　さらに，力を発揮する状態で活動筋を収縮する状態を**短縮性収縮**（図2-5b），活動筋が引き伸ばされる状態を**伸張性収縮**（図2-5c）という。動的収縮での発揮張力は，負荷とつりあいながら収縮することから**等張性収縮**という。

　一方，関節可動域のどの角度でも同じ速度で収縮させることを**等速性収縮**という。等速性収縮の力を測定するには，Cybex等の高価な測定機器が必要となる。

静的収縮
動的収縮
等尺性収縮

短縮性収縮

伸張性収縮

等張性収縮

等速性収縮

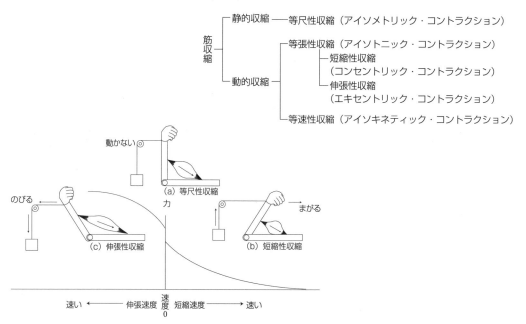

● 図 2-5 ● 筋収縮の様式

出典：宮下充正『トレーニングを科学する』日本放送出版協会，1988 年

筋収縮のエネルギー

（1） エネルギー源（エネルギー通貨）

　生命活動で利用されるエネルギーは，すべて**アデノシン三リン酸**（adenosine triphosphate：ATP）から得られる。また，貯蔵も出来るためエネルギーの通貨の役割を果たしている。ATP は 1 つのアデノシン分子に 3 つの無機リン酸（inorganic phosphate：Pi）からなり，Pi と結合していることでエネルギーを蓄えることができる。そのため，**高エネルギーリン酸化合物**といわれる（図 2-6 上）。筋肉を収縮させるエネルギーは，ATP から 2 番目と 3 番目の高エネルギー結合が切り離され，アデノシン二リン酸（adenosine diphosphate：ADP）時に分解される時に発生する化学エネルギーを利用している（図 2-6 下）。しかし，筋内に貯蔵できる ATP はごく僅かで，数秒しか運動出来ないため，同時に再合成を行っている。

アデノシン三リン酸

高エネルギー
リン酸化合物

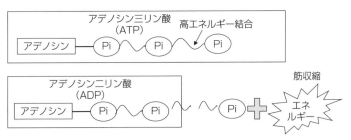

● 図2-6 ● 生体で用いられるエネルギー源アデノシン三リン酸の分解

(2) エネルギー供給システム

運動継続するためには，ADPからATPを再合成する必要があり，そのシステムとして，①ATP-PCr系，②解糖系（乳酸系），③有酸素系がある。

1 ATP-PCr系

短距離走のように全力かつ高強度で行われる運動では，筋肉中に蓄えられている高エネルギーリン酸化合物の**クレアチンリン酸**（phosphocreatine：PCr）がクリアチンとPiに分解される時に出るエネルギーを用いてADPからATPに再合成される（図2-7）。エネルギー供給速度は速いものの，筋内のPCr量にも限界があり7〜8秒でATPの再合成ができなくなる。そのため，短距離走のような全力運動は7〜8秒以上継続できないことになる。クリアチンは，運動休息時にATPと結合することでクレアチン酸として再合成される。

クレアチンリン酸

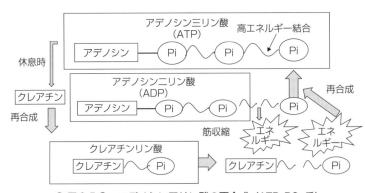

● 図2-7 ● アデノシン三リン酸の再合成（ATP-PCr系）

第2章　筋肉とスポーツ

2 解糖系（乳酸系）

1のATP-PCr系でエネルギー供給量が不足した場合に，筋中のグリコーゲンやグリコースである糖を乳酸まで分解する過程で得られたエネルギーからATPを再合成するエネルギー供給システムを**解糖系（乳酸系）**という（図2-8上）。ATP-PCr系と解糖系では，酸素を必要とせずに反応するため，**無酸素系**と呼ばれる。

解糖系（乳酸系）

無酸素系

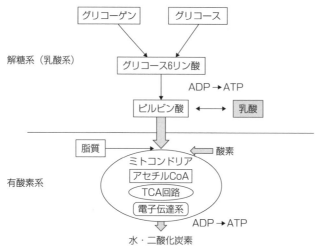

● 図2-8 ● アデノシン三リン酸の再合成（解糖系・有酸素系）

3 有酸素系

糖質と脂質のエネルギー源を細胞内のミトコンドリアで酸素を用いてATPを再合成するエネルギー供給システムを**有酸素系**という（図2-8下）。ミトコンドリア内では，ピルビン酸もしくは，脂質の分解による遊離脂肪酸から生成されたアセチルCoAが，**TCA（トリカルボン酸）**回路に取り込まれ，水素と二酸化炭素が生成される。水素は電子伝達系内で，水素イオンと電子に分解することで水を生成するとともに，ATPを生成する。

有酸素系

TCA（トリカルボン酸）

(3) エネルギー供給システムと運動時間の関係

3つのエネルギー供給システムは，運動強度と時間によって変化する。しかし，ATP-PCr系，解糖系，有酸素系は，それぞれ独立して機能するのではなく連続的に移行しながら必要なエネルギーを供給している（図2-9）。100mから200m走のように運動強度がきわめて高く短時間

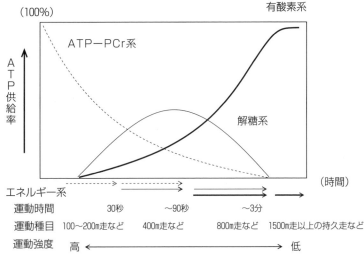

● 図 2-9 ● 運動強度・運動時間とエネルギー供給システムの関係
出典：勝田茂編著『入門運動生理学』杏林書院，2014 年，p.10 著者改変

で終了する運動では，エネルギー供給速度の最も高いATP-PCr系からのエネルギー供給が中心となる。30秒〜1分30秒以内で終了する400m走のような高い運動強度では，ATP-PCr系と解糖系が中心となる。1分30秒から3分ぐらいで終了する800m走のような中高強度の運動では，解糖系と有酸素系が中心となる。3分以上の1500m以上の持久走では，有酸素系が中心となる。サッカー，バスケットボール，ラグビーのような球技種目では，試合時間が30分以上と長いが常に一定の強度でプレーが行われているわけではない。そのため，ダッシュやジャンプのような強度がきわめて高い運動では，ATP-PCr系が中心となり，インターバル時では，解糖系と有酸素系が中心となり，エネルギー供給システムを連続的に変化させながらATPを供給している[11]。

5 骨格筋の成長と老化

(1) 筋線維数

筋線維数は，個人差が大きく，3倍近い差があるとされている。しかし，出生以後，筋線維数にあまり変化がないことから遺伝的要因が大きいといえる。

(2) 骨格筋の成長と老化

骨の成長に伴い，骨格筋は一本一本の筋線維が縦に成長し長くなる（図2-10）。思春期以降は，しだいに骨端板が薄くなり骨端閉鎖になると，**筋線維の肥大**がおこる。筋力は，筋線維の長さと太さに比例するため，成長に伴い筋力は増大する。また，筋線維の肥大は，遅筋線維よりも速筋線維の方が選択的に肥大するため，思春期以降は，速筋線維の肥大により瞬発力やパワーを発揮することができる。しかし，加齢に伴い，高齢期では速筋線維の選択的萎縮により，筋量が減少するため筋力や筋パワーが低下する[12]。

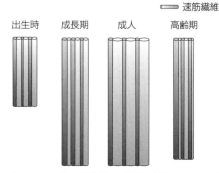

● 図2-10 ● 骨格筋の成長と老化のイメージ

筋線維の肥大

(3) トレーニングによる筋線維組成の変化

トレーニングによる骨格筋に含まれる筋線維（速筋線維・遅筋繊維）の割合（筋線維数）は変化しない。しかし，持久的トレーニングによって速筋線維のサブタイプのタイプⅡa（FTa）とタイプⅡb遅筋線維（FTb）の割合が変化する。収縮速度が速く比較的疲労耐性も高い筋線維（FTa）の割合が高くなり，収縮速度が速く疲労耐性の乏しい筋繊維（FTb）の割合が減少する。しかし，トレーニングを長期にわたって中止した場合その割合は元に戻る[13]。

サルコペニア・フレイルと運動

(1) サルコペニア

加齢に伴い，筋肉は萎縮し筋量が減少する。その割合は速筋線維が**選択的に萎縮**する。また，筋量の減少に伴い筋力低下もみられ，そのような状態を**サルコペニア（sarcopenia）**という（図2-11）。とくに上肢より下肢にその傾向が強く，大腿前部の筋量の減少が大きい[12]。立ち上がる，歩くなどの動作不足からくる筋量が減少する廃用性萎縮も進行し，買い物に行くなどの**手段的日常生活動作**（IADL）や入浴といった**日常

選択的に萎縮

サルコペニア
（sarcopenia）

手段的日常生活動作
日常生活動作

生活動作（ADL）にも支障をきたすようになる。また，活動量が減少するとエネルギー消費量の低下につながり，食欲減退によるタンパク質摂取量の低下がサルコペニアをさらに進行させることになる。高齢者を対象とした歩行や筋力運動は筋力の改善につながる研究報告も多く，転倒に配慮し，歩行や椅子を使った立ち上がり動作を定期的に実施することが望ましい。

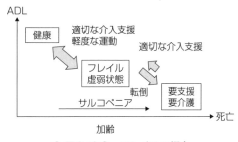

● 図 2-11 ● サルコペニアの発症

（2） フレイル

フレイル（frailty）とは，身体の虚弱状態を指し，サルコペニアもその要因の一つになっていることが多い（図 2-12）。フレイルの診断基準[14]として，①体重の減少，②主観的活力低下，③歩行速度の低下，④握力低下，⑤身体活動量の低下のうち，3項目以上あてはまるとフレイルとしている。フレイルの初期段階で適切な介入支援を行えば，健康に近い状態への回復の可能性もある。しかし，虚弱度が高く要支援・要介護の状態になると体力低下や転倒骨折から寝たきりになる可能性もあり，早期の対応が望まれる。

● 図 2-12 ● フレイルの概念

フレイル（frailty）

7 筋疲労のメカニズム

運動を継続しようと努力すると活動筋は収縮をおこし，やがて張力やパワーを維持できなくなる。この状態を「**筋疲労**」という[15]。高強度の運動を 30 秒から 1 分くらい継続すると，ATP の供給を高めるため，解糖系の代謝がおきる。このとき，代謝物として乳酸が産生され，筋内の PH が低下する。これまで，乳酸が疲労物質といわれてきたが，近年，筋の収縮能力低下に大きな影響をあたえないことがわかった。筋の収縮は，骨格筋の構造で述べたように，筋収縮は，筋小胞体からカルシウムを放出させることで行われる。細胞内のカルシウム濃度が低いと筋の張力も低いことから，筋疲労にはカルシウム濃度が関係していることにな

筋疲労

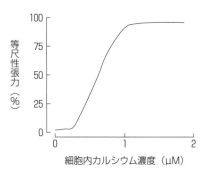

● 図2-13 ● 細胞内カルシウム濃度と等尺張力の関係
出典：勝田茂編著『入門運動生理学』杏林書院，2014年，p.117

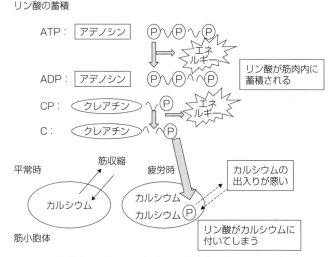

● 図2-14 ● カルシウムの働きを阻害するリン酸
出典：八田秀雄『乳酸「運動」「疲労」「健康」との関係は？』講談社，2010年，p.79改変

る（図2-13）。筋小胞体からカルシウムを放出させなくなる要因[15,16]は，①ATP-PCr系でエネルギーを産出した後に残されたリン酸がカルシウムと付くため（図2-14）。②筋小胞体開口部にグリコーゲンが付着していることで，カルシウムの安定した放出をおこなっているが，持久的な運動よりそのグリコーゲンが減少するため。③活性酸素種の抗酸化能力が低下すると，筋小胞体などの収縮に関与しているタンパク質が酸化し機能低下するため。以上，3点が筋疲労に関係する要因となる。

【参考文献】
1) 上田伸男ほか編『運動と栄養健康づくりのための実践指導』講談社，2013年，p.57
2) F.H.マティーニーほか『カラー人体解剖学：構造と機能』西村書店，2003年，p.9
3) 冨樫健二編『スポーツ生理学』化学同人，2013年，p.2
4) 青木純一郎・佐藤 祐・村岡 功編『スポーツ生理学』市村出版，2001年，p.13
5) 冨樫健二編『スポーツ生理学』化学同人，2013年，p.3
6) 青木純一郎・佐藤 祐・村岡 功編『スポーツ生理学』市村出版，2001年，p.15
7) 山本順一郎編『運動生理学』化学同人，2014年，p.68
8) 香川靖雄ほか『図説医化学』南山堂，1992年
9) 勝田 茂編著『入門運動生理学』杏林書院，2014年，pp.32-34
10) 宮下充正『トレーニングを科学する』日本放送出版協会，1988年
11) 勝田 茂編著『入門運動生理学』杏林書院，2014年，pp.10-11
12) トレーニング科学研究会編『加齢とトレーニング』朝倉書店，2007年，pp.2-3
13) 勝田 茂編著『入門運動生理学』杏林書院，2014年，p.17
14) 山田陽介ほか「フレイルティ＆サルコペニアと介護予防」『京都府立医科大学雑誌』121(10)，2012年，pp.535-547
15) 勝田 茂編著『入門運動生理学』杏林書院，2014年，pp.115-119
16) 八田秀雄『乳酸「運動」「疲労」「健康」との関係は？』講談社，2010年，p.79

まとめ

本章では，筋肉と運動の関係について以下の点を中心にまとめた。

1 筋収縮は，神経からの伝達により，筋小胞体からカルシウムを放出させることで，筋線維内のカルシウム濃度を高め筋原線維の長さを短くさせることで行われる。

2 骨格筋線維のタイプは，収縮速度の遅い，持久性能力に優れる遅筋線維と収縮速度の速い，瞬発力に優れる速筋線維に分類できる。さらに，速筋線維はサブタイプがある。

3 筋の収縮様式は，静的収縮の等尺性収縮と動的収縮がある。動的収縮には等張性収縮の短縮性収縮，伸張性収縮と等速性収縮がある。

4 筋収縮のエネルギーは，すべてアデノシン三リン酸（ATP）から得られる。ADPからATPを再合成するエネルギー供給システムは，①ATP-PCr系，②解糖系（乳酸系），③有酸素系がある。

5 骨格筋の成長は，骨の成長に伴い，一本一本の筋線維が縦に成長し長くなる。思春期以降は，しだいに骨端板が薄くなり骨端閉鎖となると，速筋線維の選択的肥大がおこる。しかし，加齢に伴い，高齢期では速筋線維の選択的萎縮がおこる。

6 加齢に伴い筋肉が萎縮し，筋量が減少するような状態をサルコペニアという。フレイルとは，身体の虚弱状態を指し，サルコペニアもその要因の一つになっていることが多い。

7 筋疲労にはカルシウム濃度が関係し，筋小胞体からカルシウムを放出させなくする3点の要因が関係している。

第3章
呼吸器系とスポーツ

1 呼吸器系の構造と呼吸のメカニズム

(1) 呼吸器の構造

呼吸器は，その働きから**気道・肺・胸郭**の3つに分けることができる。

- 気道：**鼻腔・咽頭・喉頭・気管・気管支**などからできている。
- 肺　：**肺胞**と呼ばれる薄い膜の小さな袋が無数に集まってできており（左二葉：左上葉・左下葉，右三葉：右上葉・右中葉・右下葉），肺胞の周りには毛細血管が密に取り巻いている。

気道
肺
胸郭
鼻腔
咽頭
喉頭
気管
気管支
肺胞

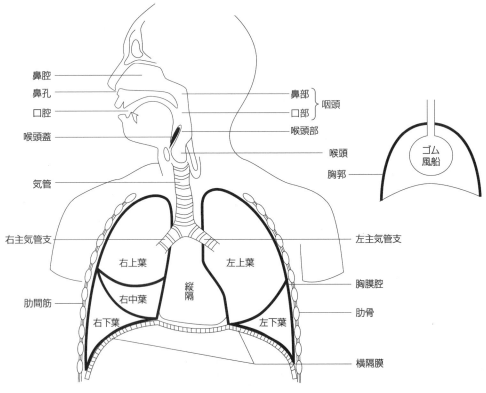

● 図3-1 ● 呼吸器の構造

出典：朝山正己ほか編著『イラスト運動生理学』東京教学社，1995年

- 胸郭：**肋骨・外肋間筋・内肋間筋・横隔膜**などからできている。

肋骨
外肋間筋
内肋間筋
横隔膜

（2） 呼吸のメカニズム

　口や鼻から取り込まれた空気は，気管を通り肺へと送られるが，肺での空気の出し入れは，胸郭の運動により行われる。息を吸う際には，外肋間筋の収縮により肋骨が上昇，もしくは横隔膜が下降（弛緩）することにより胸郭で仕切られた胸腔内の体積が増加，それにともない内部の圧力が減少することにより空気が肺へと自然に流れ込む。息を吐く際には，内肋間筋の収縮により肋骨が下降，もしくは横隔膜が上昇（収縮）することにより胸腔内の体積が減少，それにともない内部の圧力が増加することにより空気が肺から自然と体外へ押し出される。一般に肋骨の上下運動による呼吸を**胸式呼吸**，横隔膜の上下運動による呼吸を**腹式呼吸**という。

胸式呼吸
腹式呼吸

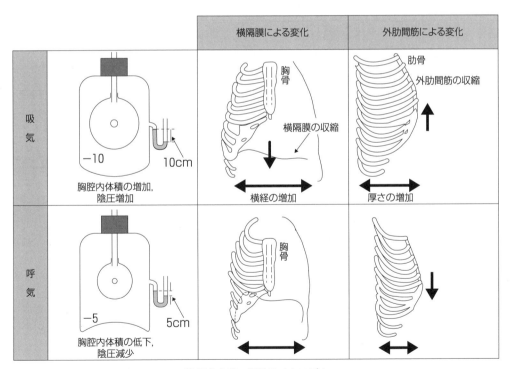

● 図 3-2 ● 呼吸のメカニズム
出典：朝山正己ほか編著『イラスト運動生理学』東京教学社，1995 年

2 呼吸器系の働き（ガス交換）

(1) 外呼吸と内呼吸

呼吸とは酸素や二酸化炭素のガスを交換することであるが、このガス交換は肺胞とそれを取り巻く毛細血管との間で行われているだけでなく、様々な組織とその周辺の毛細血管との間でも行われている。肺でのガス交換を**外呼吸（肺呼吸）**、組織でのガス交換を**内呼吸（組織呼吸）**という。

外呼吸（肺呼吸）
内呼吸（組織呼吸）

(2) ガス交換

体内でのガス交換は、酸素と二酸化酸素の気体の圧力（分圧）の差によって生じる拡散、すなわち圧力の高いほうから低いほうへ移動する性質を利用し行われる。大気中の酸素の圧力（**酸素分圧：PO_2**）は約 160 mmHg、二酸化炭素の圧力（**二酸化炭素分圧：PCO_2**）はほぼ 0 mmHg であり、空気が肺胞に移動し中に残る空気と混じると、肺胞内の酸素分圧は約 100 mmHg、二酸化炭素分圧は約 40 mmHg となる。肺胞を取り巻く毛細血管の静脈血中の酸素分圧は約 40 mmHg、二酸化炭素分圧は約 46 mmHg であり、この圧力差により酸素は毛細血管内へ、二酸化炭素は肺胞内へ移動する。その結果、毛細血管内の動脈血中の酸素分圧は約 100 mmHg、二酸化炭素分圧は約 40 mmHg となる。一方で筋肉などの組織での酸素分圧は約 40 mmHg、二酸化炭素分圧は約 46 mmHg であり、ここでも圧力の差により酸素は組織に、二酸化炭素は血管内に移動する[2]。

高所においては、大気中の酸素分圧が低いため、体内に拡散される酸素量が平地と比べて低く、パフォーマンスに影響を及ぼす。しかし、有効なトレーニングにより高所に**順化**すると、酸素を運搬する赤血球の**ヘモグロビン**量の増加や、有酸素的な代謝能力が発達するなどにより持久的能力の向

酸素分圧：PO_2
二酸化炭素分圧：PCO_2

順化
ヘモグロビン

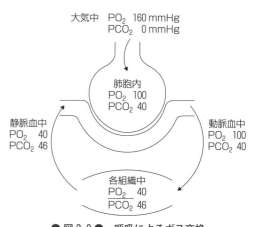

● 図 3-3 ● 呼吸によるガス交換
出典：村岡功編著『スポーツ指導者に必要な生理学と運動生理学の知識』市村出版、2013 年、p.88 改変

上が望まれる。

　また，肺でのガス交換は瞬時に行われる必要があるため，肺胞と毛細血管との接触面積（**拡散面積**）は約 90 m² と広い。

拡散面積

3 呼吸器系と運動

（1）換気量

　1分間当たりに肺に取り込まれる空気の量を**肺（毎分）換気量**（pulmonary ventilation：$\dot{V}E$）といい，**1回換気量**（Tidal volume：**TV**）と**呼吸数**（respiratory rate：**RR**）の積で示される。安静時の1回換気量は約 0.5 L/回，呼吸数は約 13 回/分であり，肺（毎分）換気量は約 6.5 L/分となる。運動を行うと，酸素が使用され血中の二酸化炭素濃度が上昇し呼吸運動が亢進され，その結果肺換気量が上昇する。その内訳として運動開始により，まず1回換気量が増加し，体内に多く酸素を取り入れようとする。しかしながら1回換気量には限度があるため，ある程度の運動強度以上となった場合，呼吸数の増加により換気量を増加させる。

　肺換気量は，軽・中程度の最大下作業では運動の強さにほぼ比例し増加するが，最大作業に近づくにつれ徐々に肺換気量の増加率は上昇する。

　最大時には1回換気量は約 1.5-2.5 L/回，呼吸数は約 50-60 回/分にまで増加し，最大値を示した時の換気量を**最大換気量**（maximal pulmonary ventilation：$\dot{V}Emax$）という。最大換気量の大小は，主に1回換気量の相違により決まる。すなわちトレーニングなどにより最大換気量は増加するが，それは1回換気量の増加が関与する。

肺（毎分）換気量（$\dot{V}E$）
1回換気量（TV）
呼吸数（RR）
最大換気量（$\dot{V}Emax$）

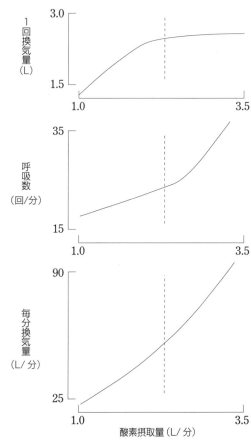

● 図 3-4 ● 運動にともなう呼吸機能の応答
出典：宮下充正ほか編『フィットネス Q & A』南江堂，1989 年

（2） 肺活量（Vital capacity）

　安静時に1回の呼吸により換気される空気の量は400～500 mlである。この値を1回換気量（TV）といい，この値のうち気道の容積の約150 mlはガス交換に関係がないので**死腔**という。普通に息を吸った後に努力して吸入できる空気量は約3,000 mlであり，これを**予備吸気量**という。逆に息を吐いた後に努力して呼出できる空気量は約1,000 mlであり，これを**予備呼気量**という。これら3つの値の和が**肺活量**である。また努力しても呼出されずに肺に残る空気の量を**残気量**といい，肺活量と残気量との和を**全肺容量**という[4]。

死腔
予備吸気量
予備呼気量
肺活量
残気量
全肺容量

　肺活量は性別や体の大きさにより異なるが，身体を鍛えることにより増加するため，運動選手は一般に多いといわれている。

> 肺活量の予測式
> 肺活量（ml）＝〔27.63－（0.112×年齢）〕×身長(cm)　（男性）
> 　　　　　　　〔21.78－（0.101×年齢）〕×身長(cm)　（女性）

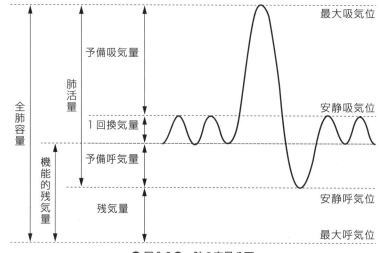

● 図3-5 ● 肺の容量分画

出典：長澤純一ほか『運動生理学の基本と応用――健康科学へのアプローチ』ナップ，2016年，p.19 著者改変

（3） 呼吸筋のトレーニング効果

　運動により酸素は活動筋で使われるほか，呼吸筋でも使用される。これは運動により換気量が増加するためであり，換気を行うために呼吸に

かかわる筋肉が多く使用されるためである。トレーニングを行うことにより，同じ運動を行っていても換気がスムーズに行えることにより呼吸筋の仕事量を抑え，酸素の活動筋への有効利用が行えるようになる。

(4) 酸素摂取量と酸素負債量

1 最大酸素摂取量とは（$\dot{V}O_2$max）

生体の身体は，組織で消費されるのに必要なだけの酸素を取り込んでおり，1分間あたりに生体が取り込む酸素の量を**酸素摂取量**（$\dot{V}O_2$）という。運動を行うと酸素の需要が増えるため，ある点までは運動強度の増加とともに酸素摂取量はほぼ直線的に増加する。しかしながらある点から運動強度を増加しても酸素摂取量が増加せず最大値を示す（**レベリングオフ**）[4]。これを最大酸素摂取量といい，全身持久力の指標として用いられている。また，最大酸素摂取量は運動能力のみならず身体の大きさに左右されるため，通常は体重1kgあたりで比較する。

最大酸素摂取量の測定は，間接的にはフィールドで使用される20mシャトルランや6分間走など，自転車エルゴメーターで負荷と心拍数から算出される**オストランド法**や**外挿法**などがあるが，直接的に測定するためには**呼気ガス分析**による**運動負荷試験**が望ましい。大気中の酸素濃度は約20.8%，二酸化炭素濃度は約0.04%であり，呼気ガスを分析することにより酸素濃度および二酸化炭素濃度と換気量から酸素摂取量や二酸化炭素排出量が算出できる。この測定法で疲労困憊（オールアウト：all out）に至らしめることにより最大酸素摂取量が測定できる。ただし，最大値と判定するには，レベリングオフが出現したか，任意の最大心拍数や**呼吸交換比**に達したかによって決定される。

2 酸素負債量

運動を開始すると酸素摂取量は増加するが，必要な酸素摂取量が運動開始直後から直ちに供給されるわけではなく，運動初期においては酸素の供給量は需要量を下回る。この運動初期における酸素供給の遅れを酸素不足といい，運動終了時に摂取する酸素で補われる。この酸素不足を補うための運動終了後の酸素摂取量を**酸素負債量**（oxygen debt）という。

最大酸素摂取量（$\dot{V}O_2$max）

● 表3-1 ● 最大酸素摂取量の絶対値と相対値

	体重(kg)	最大酸素摂取量	
		絶対値(L/min.)	相対値(ml/kg/min.)
Aくん	60	3.6	60.0
Bくん	80	4.0	50.0

酸素摂取量（$\dot{V}O_2$）

レベリングオフ

オストランド法
外挿法
呼気ガス分析
運動負荷試験

呼吸交換比

酸素負債量

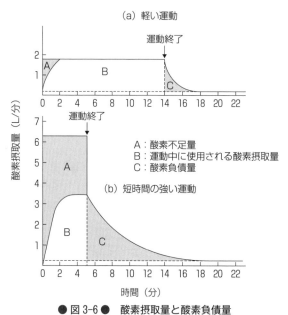

● 図3-6 ● 酸素摂取量と酸素負債量
出典：朝山正己ほか編『イラスト運動生理学』東京教学社，1995年，p.49

　歩行などの低強度の運動では，運動初期においては酸素不足があるものの運動中の酸素需要量はそれほど多くなく，酸素不足の後に酸素需要量と酸素摂取量とがつりあい，定常状態が続く。しかし短距離走などの強度の高い運動では，運動初期の酸素不足はもちろんのこと酸素需要量は酸素摂取量を常に上回り，その結果，酸素負債量は増大する。強度の高い運動を疲労困憊まで行わせると，酸素負債量は最大に達する。この最大値を最大酸素負債量といい，無酸素状態で行うことのできる作業能力の指標となる。

【参考文献】
1）朝山正己ほか編著『イラスト運動生理学』東京教学社，1995年
2）村岡　功編著『スポーツ指導者に必要な生理学と運動生理学の知識』市村出版，2013年
3）宮下充正ほか編『フィットネスQ＆A』南江堂，1989年
4）杉　晴夫編著『やさしい運動生理学』南江堂，2006年
5）長澤純一ほか『運動生理学の基礎と応用』ナップ，2016年

まとめ

1. 呼吸器は気道，肺および胸郭から構成されている。
2. 呼吸には，肋骨や横隔膜の上下運動による胸腔内の圧力の変化が関与している。一般に肋骨の上下運動による呼吸を胸式呼吸，横隔膜の上下運動による呼吸を腹式呼吸という。
3. 肺でのガス交換を外呼吸（肺呼吸），組織でのガス交換を内呼吸（組織呼吸）という。
4. 肺や組織でのガス交換は，分圧の差（気体の圧力の高いほうから低いほうへ移動）によって行われる。
5. 1分間当たりに肺に取り込まれる空気の量を肺（毎分）換気量といい，1回換気量と呼吸数の積で示される。肺換気量は，軽・中程度の最大下作業では運動の強さにほぼ比例し増加するが，最大作業に近づくにつれ徐々に肺換気量の増加率は上昇する。
6. トレーニングなどにより最大換気量は増加するが，それは主として1回換気量の増加が関与する。
7. 最大酸素摂取量とは，1分間当たりに体内に取り込むことができる酸素量の最大値のことであり，全身持久力の指標としてよく用いられている。
8. 運動初期における酸素供給量の遅れは，運動終了時に摂取する酸素で補われる。この酸素不足を補うための運動終了後の酸素摂取量を酸素負債量といい，無酸素状態で行うことのできる作業能力の指標となる。

第4章
循環器系とスポーツ

1 循環器の構造

循環器はその働きから，血液を全身にくまなく循環させるための**血管**，血管を流れる**血液**，血液の循環においてポンプの役割を担う**心臓**の3つに分けることができる。

- 心臓：**心筋・右心房・右心室・左心房・左心室・弁**などからできている。
- 血管：**大動脈・大静脈・肺動脈・肺静脈・毛細血管**などからできている。動脈や静脈は内側から内膜，中膜，外膜の3層構造になっており，静脈に比べ動脈の中膜の平滑筋は厚い。一方で静脈は，逆流を防ぐための弁がある。
- 血液：**赤血球・白血球・血小板・血漿**などからできている。

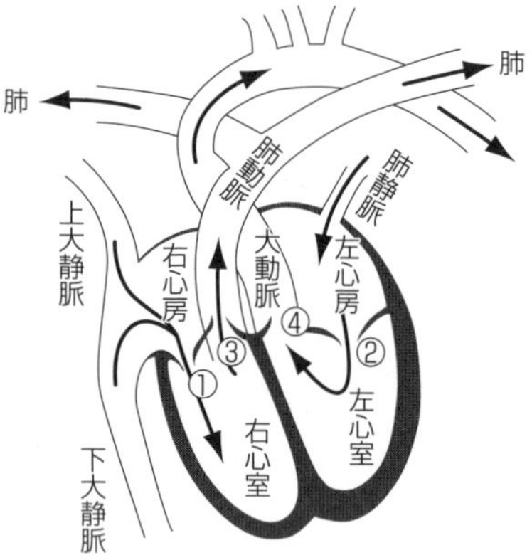

● 図4-1 ● 心臓の構造
① 三尖弁
② 僧帽弁
③ 肺動脈弁
④ 大動脈弁

出典：前田如矢『運動生理学［第3版］』金芳堂，2003年

血管
血液
心臓
心筋
右心房
右心室
左心房
左心室
弁
大動脈
大静脈
肺動脈
肺静脈
毛細血管
赤血球
白血球
血小板
血漿

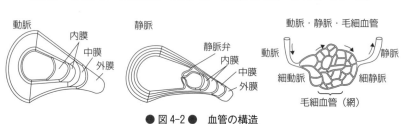

● 図4-2 ● 血管の構造
出典：中里浩一ほか『1から学ぶスポーツ生理学［第2版］』ナップ，2016年，p.83

● 表4-1 ● 血液の分類

	名称	大きさ	1μl中の数	働き	寿命
細胞成分 (45%)	赤血球	無核 直径7～8μm	男性：約500万個 女性：約450万個	酸素の運搬 ヘモグロビンを含む	100～120日
	白血球	有核 直径10～15μm	4000-9000個	異物処理 免疫機能	3～5日 種類により数ヵ月～数年
	血小板	無核 直径2～4μm	15万～40万個	止血作用 傷口で血液を凝固	10日程度
血漿成分 (55%)	血漿	水分（約90%），タンパク質（7～9%），ブドウ糖，Na，その他の無機質，ホルモンを含む		物質の運搬 体液を一定に保持	―

出典：中里浩一ほか『1から学ぶスポーツ生理学［第2版］』ナップ，2016年，p.120より作成

2 循環のメカニズム

(1) 血液の循環経路

　全身を循環し酸素が薄くなった静脈血は，大静脈から右心房に入り，右心室へと送られる。右心室を出た血液は肺動脈を通り，肺に達する。ここでガス交換が行われ，酸素を受け取り，二酸化炭素を放出する。酸素は赤血球中の**ヘモグロビン**と結合し運ばれる。肺で酸素を受け取った動脈血は肺静脈を通り左心房へと循環し，左心室へと送られ，左心室の強い収縮により全身へと送り出される。左心室から送り出された動脈血は，大動脈を通り全身を循環する。ここで血液は，身体の各部位の細胞に酸素を渡し，細胞からは二酸化炭素を受け取る。二酸化炭素を多く含み酸素が薄くなった静脈血は，再び大静脈から右心房に入る。この血液の循環経路のうち，心臓の右心室から押し出されて肺に行き心臓の左心房に戻るまでの循環経路を**肺循環**（小循環），心臓の左心室から押し出さ

ヘモグロビン

肺循環

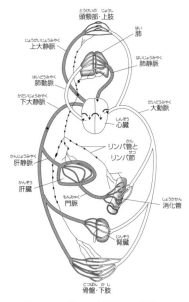

● 図4-3 ● 血液循環の模式図
出典：渡辺正仁監修『理学療法士・作業療法士・言語療法士のための解剖学[第3版]』廣川書店，1999年

第4章　循環器系とスポーツ

れて全身をめぐり心臓の右心房に戻るまでの循環経路を**体循環**（大循環）という。

体循環

（2） マッスルポンプ

心臓は血液を送り出す能力は高いが，静脈血を心臓へ戻す能力は低い。静脈血が十分に心臓に戻らないと，拍出量の減少や血圧の低下などが起こり，血液の循環が阻害される。このような**静脈還流**の阻害を防いでいるのが筋肉である。

静脈還流

とくに下肢においては筋肉が弛緩していると静脈に多量の血液が貯留する。筋肉が収縮すると筋肉内の静脈が圧迫され血液は心臓へと押し出される。一方で逆の方向へと押し出された血液は，静脈弁の働きで逆流を防がれているため，そこで圧力が高まる。再び筋肉が弛緩すると，圧力が解放され心臓へと押し出されるとともに，新しい血液が貯留する。この反復により静脈血の心臓への還流が促進される。この筋収縮による静脈血の心臓への還流促進作用のことを**マッスルポンプ**といい，この動きのことを**ミルキングアクション**という。

マッスルポンプ

ミルキングアクション

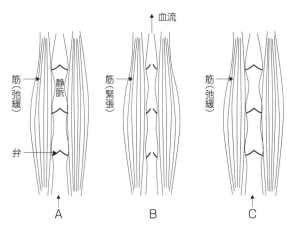

A：弛緩している状態では，静脈が拡張し血液が貯留。
B：筋収縮が起こると，静脈が圧迫されて，血液は心臓に向かって送られる。
C：再び弛緩すると，末梢から新しい血液が貯留する。

　以上の反復により心臓への静脈血の環流が促進される。送り出された血液は，静脈弁の作用により末梢への逆流が防がれている。

● 図 4-4 ● マッスルポンプの原理
出典：前田如矢『運動生理学』金芳堂，1991 年

（3） 心収縮のメカニズム

心臓は主に心筋により形作られているが，心筋には心収縮をおこす**固**

固有心筋

有心筋と，電気的興奮を発生・伝導する**特殊心筋**とがある。特殊心筋は心臓の**刺激伝導系**ともよばれており，心臓が収縮と弛緩をくり返すための情報伝達路となっている。

　心臓を収縮させる興奮の発生源は，右心房の上大静脈付近にある**洞房結節**である。洞房結節は心収縮のペースメーカーであり心臓の収縮回数を決定する。洞房結節で生じた興奮は左右の心房に伝わり，心房を収縮させるとともに，心房と心室との間にある**房室結節**に伝わり，その後**ヒス（His）束**を経て**左脚**や**右脚**に別れ，さらにはヒス束の末梢部位で心室に広く分布する**プルキンエ（Purkinje）線維**に伝わり，心室を収縮させる[5]。

　これら心臓の刺激伝導系の電気的変化を記録したものが**心電図**である。正常な心電図の代表的な波形を図4-5に示すが，波形にはそれぞれPからTの記号がついている。心房が収縮する時には**P波**が，興奮がヒス束を経て心室に伝わり心室が収縮する一連の伝導時には**QRS波**が，収縮を終えた心室が元に戻る時には**T波**がそれぞれ出現する。また，最大の波形であるR波の間隔により，1分間あたりの心臓の拍動数，すなわち**心拍数**を算出することができる（**脈拍数**は1分間あたりの心収縮時に出現する動脈の脈動数のこと）。

| 特殊心筋 |
| 刺激伝導系 |
| 洞房結節 |
| 房室結節 |
| ヒス束（His） |
| 左脚 |
| 右脚 |
| プルキンエ線維（Purkinje） |
| 心電図 |
| P波 |
| QRS波 |
| T波 |
| 心拍数 |
| 脈拍数 |

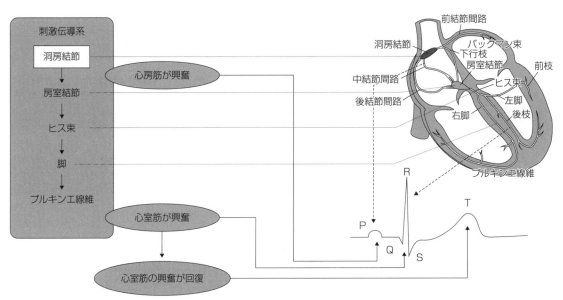

● 図4-5 ● 刺激伝導系と心電図

出典：中里浩一ほか『1から学ぶスポーツ生理学［第2版］』ナップ，2016年，pp.86-87 改変

3 循環器系と運動

運動を行うと，エネルギーを消費するため酸素が消費され，その分の酸素需要量が高まる。必要な酸素需要量を満たすために，心拍出量の増加や動静脈酸素較差の増加，活動筋を優先させた血液の再分配により活動筋への酸素供給量を増加させる。

(1) 心拍出量

1 心拍出量とは

心臓が1分間に送り出す血液量（左心室から大動脈へと送り出す血液量）を**心拍出量**（cardiac output：$\dot{Q}$）といい，**1回拍出量**（stroke volume：**SV**）と**心拍数**（heart rate：**HR**）積で示される。安静時の1回拍出量は約70 ml/拍，呼吸数は約70拍/分（beats/min.：bpm.）であり，心拍出量は約5,000 ml/min.となる。標準成人男子の体重を約65 kgとするならば，血液は体重の約1/13なので血液量は約5000 ml，すなわち血液は1分間に全身を一周する計算となる。運動強度の増加により心拍出量はほぼ直線的に増加するが，軽い運動であれば心拍数と1回拍出量の増加により増加する。しかしある強度をこえる運動になると，1回拍出量は最大に達する。それ以上の運動強度での心拍出量の増加は，主に心拍数の増加によってもたらされる。

心拍出量（$\dot{Q}$）
1回拍出量（SV）
心拍数（HR）

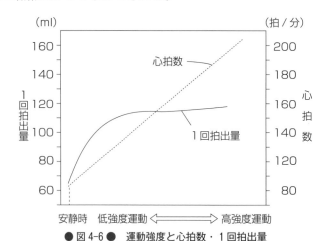

● 図4-6 ● 運動強度と心拍数・1回拍出量
出典：中里浩一ほか『1から学ぶスポーツ生理学［第2版］』ナップ，2016年，p.88

2　1回拍出量

　心臓が1回収縮するごとに左心室から大動脈側に送り出す血液量を，1回拍出量という。安静時は姿勢の影響を受ける。立位よりも座位，座位よりも臥位において，1回拍出量は多くなる。静脈還流量（拡張期終期容積）が大きいほど1回拍出量は増えるという**スターリングの心臓の法則**があり，多くの血液が心臓にあるほど血液を全身に多く送ることができる。すなわち臥位は重力の影響を受けずに，下肢の血液の貯留が少ないため1回拍出量が多くなる。

スターリングの心臓の法則

　運動を行うと1回拍出量は増加するが，心臓，とくに左心室の容量には限界があるため，最大強度の40～50％をこえる運動になると1回拍出量は最大に達する。トレーニングにより1回拍出量は増加するが，①心臓肥大，②心筋収縮力の増加，③全血液量の増加などによってもたらされると考えられている。とくにトレーニングにより肥大する心臓を**スポーツ心臓**という。

スポーツ心臓

　スポーツ心臓とは，「身体活動の繰り返しにより認められる安静時拡張期の心形態の変化」と定義される。スポーツ心臓には拡張をともなう**遠心性肥大**と，拡張をともなわない**求心性肥大**とがある。持久的トレーニングは運動時の静脈還流量の増加により心臓の容積に負荷がかかり，その結果，心容積が増加し遠心性肥大をおこす。一方で筋力トレーニングでは運動時の血圧上昇による圧負荷（後負荷）での心室の壁ストレスの増大の結果，心筋の厚さ（**心壁厚**）が増加する求心性肥大をおこす。

遠心性肥大
求心性肥大

心壁厚

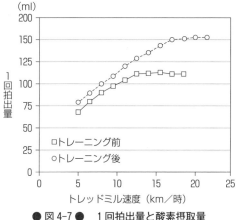

● 図4-7 ●　1回拍出量と酸素摂取量
出典：中里浩一ほか『1から学ぶスポーツ生理学［第2版］』ナップ，2016年，p.92

● 表4-2 ●　スポーツ心臓における変化

	持久系運動（遠心性肥大心）	筋力系運動（求心性肥大心）
左室後壁厚	↑	↑↑
心室中隔厚	↑	↑↑
左室重量	↑↑	↑↑
左室拡張期末期径	↑↑	→
左室拡張期充満血液量	↑↑	→
一回拍出量	↑↑	↑
心収縮機能	→	↑
心拡張機能	↑	→
心拍数	↓	→

出典：村岡功編著『スポーツ指導者に必要な生理学と運動生理学の知識』市村出版，2013年，p.112

③ 心拍数

1分間の心臓の拍動数を，心拍数という。安静時は姿勢の影響を受ける。立位よりも座位，座位よりも臥位において，1回拍出量とは逆に少なくなる。

運動を行うと，基本的に運動強度の増加とともに心拍数は直線的に増加するため，運動強度を算出する指標としてよく用いられている。すなわち安静時を0％，最大時を100％とした時，運動時に示す心拍数から相対的運動強度を算出する。

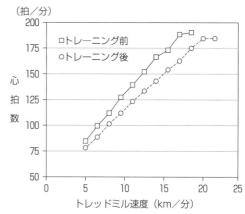

● 図4-8 ● 心拍数と酸素摂取量

出典：中里浩一ほか『1から学ぶスポーツ生理学［第2版］』ナップ，2016年，p.92

カルボーネン法

カルボーネン法による運動強度算出[7)]

$$運動強度（％）＝\frac{運動時心拍数－安静時心拍数}{最大心拍数－安静時心拍数}×100$$

☆予測最大心拍数＝220－年齢

トレーニングにより，心拍数の最大値はほぼ変化しないものの，同一の運動強度において心拍数は減少する。

（2） 動静脈酸素較差

動静脈酸素較差とは，筋肉に入る前の動脈血中の酸素濃度と筋肉から出た後の静脈血中の酸素濃度の差のことである。安静時，動脈血中には酸素は約19 ml/dlあり，組織で使用され静脈血中に約14 ml/dl残る。この差の5 ml/dlが，動静脈酸素較差である。

運動を行うと，動脈の酸素濃度はあまり変化しないが，組織における酸素の取り込みが増加するため静脈の酸素濃度は減少し，動静脈酸素較差は増加する。トレーニングにより，ミトコンドリアの増加や肥大，酸化酵素活性の向上などにより骨格筋の酸素利用能力が向上するため，動静脈酸素較差の増加がみられる。

動静脈酸素較差

（3） 血液再分配

運動時には酸素需要量の増加から，活動筋への酸素運搬が必要となり，運動強度に合わせて体内に循環する血液の多くが活動筋へ配分される。これを運動時の**血液再分配**という。安静時の心拍出量は約5000 ml/min. であり，骨格筋へは約20％の供給であるが，最大時では約88％の供給を示す。一方で肝臓や腎臓などの内臓への血液供給は，安静時で約50％であるのに対し最大運動時には5％以下にまで減少し，運動により血液再分配が生じる[2]。

● 表 4-3 ● 運動時の血液再分配

部 位	安静時	運動時
脳	700 ml（14％）	900 ml（4％）
肝 臓	1,350 ml（27％）	500 ml（2％）
腎 臓	1,100 ml（22％）	250 ml（1％）
皮 膚	300 ml（6％）	600 ml（2％）
心 臓	200 ml（4％）	1,000 ml（4％）
筋 肉	1,000 ml（20％）	21,000 ml（84％）
その他	350 ml（7％）	780 ml（3％）
合 計	5,000 ml（100％）	25,030 ml（100％）

出典：中里浩一ほか『1から学ぶスポーツ生理学［第2版］』ナップ，2016年，p.94

血液再分配

4 血　圧

血圧（blood pressure）とは，血管内を流れる血液が示す側圧（壁を押す力）をいう。心臓が収縮した時の血圧を**収縮期血圧**（systolic blood pressure：SBP），心臓が拡張した時の血圧を**拡張期血圧**（diastolic blood pressure：DBP）という。また，平均して動脈に加わる圧力を平均血圧（（収縮期血圧－拡張期血圧）÷3＋拡張期血圧）という[6]。

血圧の測定は，通常上腕動脈圧迫時の脈音（コロトコフ音）を聴診により行う。上腕にマンシェットという帯を巻き付け，その下の動脈に聴診器をあて，ゴム球により圧力を上げる。圧力が動脈圧よりも大きくなると血流がとだえて血流音が消失する。その後，徐々に圧力を下げると脈音が聞こえ始め，さらに下げると消失する。この脈音が聞こえ始める時の圧力が収縮期血圧，脈音が消失する時の圧力が拡張期血圧である。

持久的トレーニングのような動的運動により，運動強度が増加するとともに収縮期血圧は増加し，拡張期血圧は減少傾向を示す。一方，筋力トレーニングのような静的運動により，収縮期血圧，拡張期血圧ともに増加を示す。

血圧

収縮期血圧

拡張期血圧

【参考文献】
1）前田如矢『運動生理学［第3版］』金芳堂，2003年
2）中里浩一ほか『1から学ぶスポーツ生理学［第2版］』ナップ，2016年
3）渡辺正仁監修『理学療法士・作業療法士・言語療法士のための解剖学［第3版］』廣川書店，1999年
4）前田如矢『運動生理学』金芳堂，1991年
5）朝山正己ほか編著『イラスト運動生理学』東京教学社，1995年
6）村岡　功編著『スポーツ指導者に必要な生理学と運動生理学の知識』市村出版，2013年
7）長澤純一ほか『運動生理学の基礎と応用』ナップ，2016年
8）池上晴夫『運動生理学』朝倉書店，1988年

まとめ

1. 循環器は心臓，血管および血液から構成されている。
2. 血液循環のうち，心臓の右心室から肺にいき，心臓の左心房に戻る経路を肺循環，心臓の左心室から全身を巡り心臓の右心房へ戻る経路を体循環という。
3. 筋収縮による静脈血の心臓への還流促進作用のことをマッスルポンプという。
4. 心筋には心収縮をおこす固有心筋と，電気的興奮を発生・伝導する特殊心筋とがある。心臓を収縮させる興奮は，洞房結節から始まり，左右の心房に伝わり，心房を収縮させるとともに，房室結節に伝わる。その後ヒス束を経て左脚や右脚に別れ，さらにはヒス束の末梢部位で心室に広く分布するプルキンエ線維に伝わり，心室を収縮させる。
5. 心臓の刺激伝導系の電気的変化を記録したものが心電図である。
6. 必要な酸素需要量を満たすために，心拍出量の増加や動静脈酸素較差の増加，活動筋を優先させた血液の再分配により活動筋への酸素供給量を増加させる。
7. 軽い運動であれば，心拍出量は心拍数と1回拍出量の増加により増加する。しかしある強度をこえる運動になると，1回拍出量は最大に達し，それ以上の運動強度では主に心拍数の増加によって心拍出量が増加する。
8. 動静脈酸素較差とは，筋肉に入る前の動脈血中の酸素濃度と筋肉から出た後の静脈血中の酸素濃度の差のことであり，運動により増加する。
9. 血圧とは，血管内を流れる血液が示す側圧をいう。動的運動により収縮期血圧は上昇し，拡張期血圧は減少傾向をしめす。静的運動により収縮期および拡張期血圧は増加を示す。

第5章
脳・神経系とスポーツ

1 神経系の分類と構造

(1) 神経系の分類

神経系は体の各部位の間における情報の伝達と制御を担っており、**中枢神経系**と**末梢神経系**の2つに大別されている。中枢神経とは脳および脊髄のことであり、脳と脊髄から出て枝分かれをし、全身に分布している神経を末梢神経という。中枢神経は神経の総司令官役として働き、末梢神経は体を動かしたり、刺激を感じるといった役割を持っている（図5-1）。

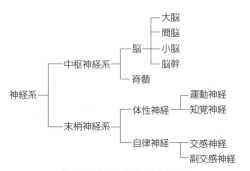

● 図5-1 ● 神経系の分類
出典：真島英信『生理学』文光堂，1981年

中枢神経系
末梢神経系

1 中枢神経

中枢神経とは脳と脊髄のことであり、末梢の様々な部位（筋肉や皮膚など）の刺激に対して考え、命令をだす役割を果たしている。

① 脳

脳は細分化すると**大脳・間脳・小脳・脳幹**に分けられる（図5-2）。

【大脳】

大脳の表面を**大脳皮質**といい、非常に多数の神経細胞体が存在している。神経細胞体は灰白色をしているため、大脳半球の表面は灰白色に見える。そのため、脳の細胞体が集中している表面を灰白質と呼ぶ。また、神経線維は白色に見えるため、神経線維が多く集中している部分を白質と呼ぶ。大脳皮質は様々な機能をもっており、大脳皮質の部位によって役割が分担されており（**機能局在**）、運動に関係するのは、第4野（**運動野**）、第6野（前運動野）、第8野（眼球運動野）がある（図5-3）。

大脳
間脳
小脳
脳幹
大脳皮質

機能局在
運動野

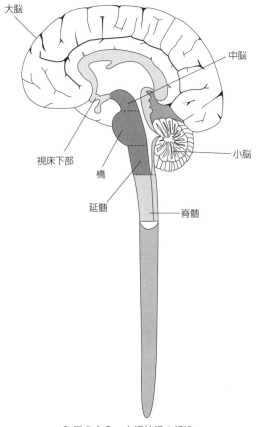

● 図 5-2 ● 中枢神経の構造
出典：田中越郎『イラストでまなぶ人体のしくみとはたらき』医学書院，2006 年，p.215

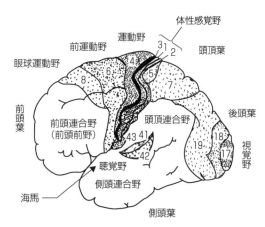

● 図 5-3 ● 大脳皮質の区分
注：自然的活動は前頭前野・体性感覚野・運動野を発達させる。小さい数字はブロドマンの分類による領域番号。
出典：渡邉 融，臼井永男編著『保健体育』放送大学教育振興会，2001 年，一部改変

【間脳】

　間脳は**視床**および**視床下部**のことを呼ぶ。視床は末梢からの感覚情報（嗅覚を除く）を一度集め，大脳皮質に送る中継地点の役割を担っている。そのため，視床からの情報が送られなくなると，大脳皮質は機能しなくなる。視床下部は自律神経の中枢部位として働いており，体温，摂食，水分代謝，睡眠など多くの働きを調整している。

視床
視床下部

【小脳】

　小脳は運動に密接に関わっている機関である。とくに平衡感覚（バランス）を担っている。その他に，運動に対する微調整を行う役割も担っており，大脳からの運動を行う指令に対し，どの程度の力を発揮すればよいのか，どの程度の距離を動かせばいいのか，どの程度の速さで動けば良いのかなどの調整を行っているとされている。

【脳幹】

脳幹は**延髄・橋・中脳**のことを呼び（間脳を含める場合もある），脳と脊髄をつないでいる。延髄では循環系の調整を，橋では呼吸器系の調整を，中脳では視覚・聴覚反射を担っており，どれも生命維持に欠かせない役割を果たしている。

② 脊髄

脊髄は大脳から全身の各部位（末梢）へ情報を伝達する働きを担っている。また，逆に末梢からの情報を大脳に伝達する働きも担っている。

② 末梢神経系

末梢神経とは，脳と脊髄から出て，全身に分布する神経のことであり，**体性神経**と**自律神経**に分けられる。体性神経は，中枢神経からの命令を筋肉に伝える**運動神経**と，皮膚が受けた刺激（触覚や痛覚，暑さや寒さなど）を中枢神経に伝える**知覚神経（感覚神経）**とがある。また，中枢神経から末梢に情報を伝える神経を**遠心性神経**，知覚神経のように末梢から中枢に情報を伝える神経を**求心性神経**という。

自律神経とは中枢神経からの命令を内臓に伝える働きをしており，無意識で生命を維持している（不随意運動）。自律神経は**交感神経**と**副交感神経**に分けられ，交感神経が働くと，緊張状態を引き起こす。逆に副交感神経が働くと緩和状態を引き起こす。このような作用を拮抗作用といい，瞳孔は交感神経優位になると拡大し，副交感神経優位になると縮小する。末梢血管は交感神経優位になると収縮し，副交感神経優位になると拡張する。

（2） 神経系の構造

神経系は神経の最小単位である**神経細胞（ニューロン）**が多数集まって構成されている。この神経細胞の働きは，情報をキャッチし，またその次の神経細胞へ渡すことである。神経細胞の構造は，**細胞体**を中心とし，多くの**樹状突起**と1本の長い軸索がある。**軸索**のことを神経線維ともよび，他の細胞体と接合している，この接合部分を**シナプス**という（図5-4）。情報の伝わり方には2つあり，1つは神経細胞内での移動で伝導という。もう1つは神経細胞の軸索の末端（軸索終末）から他の神

経細胞の樹状突起への移動で伝達という。

　神経細胞内の移動（伝導）では，情報は樹状突起から受け取られ，軸索を通り，軸索終末まで達する。また，情報の移動は微弱な電気的刺激（インパルス）を用いている。

　神経細胞間の移動（伝達）では，情報の送り手の神経細胞と受け手の神経細胞の間に小さな隙間（シナプス間隙）があり電気的刺激では情報が届かない。そのため神経細胞間の移動は様々な神経伝達物質により行われる。神経伝達物質は100種類以上存在すると考えられており，ドーパミン，ノルアドレナリン，アセチルコリンなどがある。

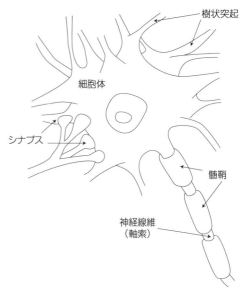

● 図5-4 ●　神経細胞（ニューロン）

2 神経系と運動

（1）随意運動

　自分の意思で体を動かすことを**随意運動**というが，この随意運動を行うとき，大まかな情報が大脳皮質の第4野である運動野から情報は発信される。この情報は，脳幹にある錐体を経由して脊髄に伝わる。その後，脊髄から腕を動かしたい時は腕の筋肉の運動神経へ，足を動かしたい時

随意運動

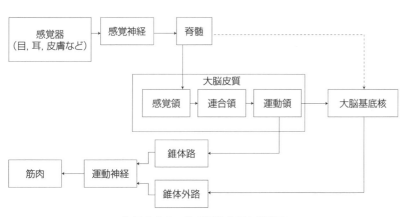

● 図5-5 ●　随意運動発現の模型図

第5章　脳・神経系とスポーツ

は足の筋肉の運動神経へ伝達される。この延髄にある錐体を経由して運動神経へ伝わる情報伝達経路を錐体路という。また，錐体を経由せずに送られる細かな情報（筋肉をどの程度収縮させるかといった調節）は大脳皮質の6野や8野，中脳や小脳などから情報が発信され，各筋肉の運動神経へ情報が伝達される。この延髄の中の錐体を経由せずに伝わる情報伝達経路を錐体外路という（図5-5）。

(2) 反射運動

無意識のうちに行われる運動を**反射（不随意運動）**といい，外界，内界の刺激に直接反応して起こる。与えられた刺激は，感覚神経（求心性神経）を通り，脊髄に伝えられ，脊髄から脳には行かず，直接運動神経を通って筋肉に命令が出される。たとえば，熱いやかんを触った時，とっさに手を引っ込めるなどがある（図5-6）。

反射（不随意運動）

● 図5-6 ● 反射の仕組み
出典：宮下充正ほか『新訂運動生理学概論』大修館書店，1976年

3 脳と運動

(1) 発育期の脳と運動

人の発育発達は20歳を100％とした場合，どのように発育・発達していくのかは，一般型，神経型，リンパ型，生殖型の4つのパターンに大別され，その中でも脳・神経は神経型に分類される。神経型は生後直後から3歳まで急激な発育・発達を遂げ，その後もゆるやかに発育・発達し，12歳前後にほぼ完了する（図5-7）。さらに，図5-8は運動野の神経細胞の発育・発達を示している。左から誕生時，生後15ヵ月の

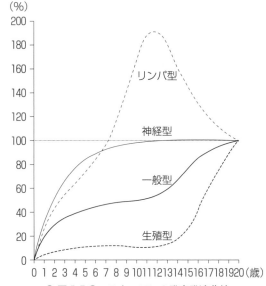

● 図5-7 ● スキャモンの発育発達曲線
出典：青柳領『子どもの発育発達と健康』ナカニシヤ出版，2006年，p.25

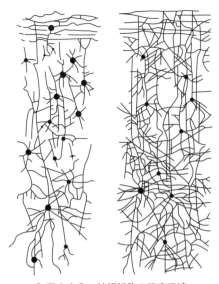

● 図5-8 ● 神経細胞の発育発達
(左：誕生時　右：生後15ヵ月)
出典：永江誠司『発達と脳――神経発達心理学入門』おうふう，2012年，p.86

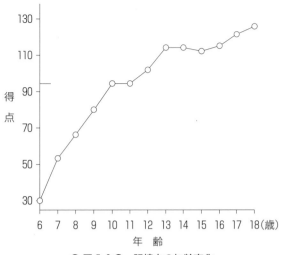

● 図5-9 ● 記憶力の加齢変化
出典：青柳領『子どもの発育発達と健康』ナカニシヤ出版，2006年，p.104

　神経細胞の発育・発達を示しており，神経細胞が成長とともに増加していることがわかる（図5-8）。スキャモンの発育発達曲線で表される神経型は主に対応した器官の重量などの量的変化のことをさすため，質的な変化としては12歳以降であっても向上する。たとえば記憶能力の発育・発達では，6歳から18歳までの記憶力の発育・発達を報告したものでは，加齢とともに記憶力が向上していることや10歳までが急激に上昇していることが認められている（図5-9）。この様に脳や神経は加齢とともに発育・発達するが，近年では運動とも関連があることが報告されており，有酸素能力が高い子どもは国語力が高いこと[14]や，子どもの有酸素能力と認知機能にも関連性があるといった，体力が高い子どもは学力も高くなること[15]が報告されている。これらのことからも，子どもの時期から運動習慣を獲得することで，脳機能が向上することがわかっている。

（2）脳の老化と運動

　脳の老化が原因で生じる病気で今問題となっているのが認知症である。認知症とは記憶力や判断力の低下が起こり，社会的な生活が失われる状態だが，認知症の有病率は加齢とともに高くなる（図5-10）。この認知

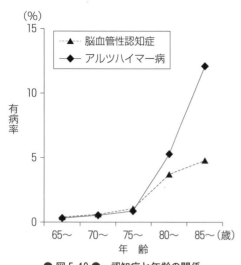

● 図5-10 ●　認知症と年齢の関係
出典：山口晴保『読めば納得！認知症予防』協同医書出版社，2008年，p.4

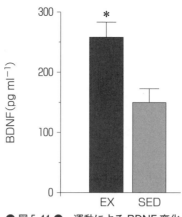

● 図5-11 ●　運動によるBDNF変化
出典：Carl W. Cotman, Nicole C. Berchtold. Exercise: a behavioral intervention to enhance brain health and plasticity. *Trends Neurosci*, 6, 295-301, 2002.

症は運動と深い関わりがあることが分かってきている。

　約2,000名の高齢者を対象に3年間の1日あたりの歩行距離と認知症との関連を調べた報告では，2マイル以上歩いた高齢者と比べて，0.25マイル以下しか歩かない高齢者では認知症にかかる確率が1.9倍になることを報告している[17]。

　さらに，40歳の時に体力の低い者は，60歳での脳が早く萎縮していることが報告[18]されており，長期的に運動習慣があるものは脳の萎縮や，認知症発症を緩和することができることがわかっている。

　マウスの実験においては運動を行うことで脳内にどのような変化があるのかを詳しく調べた報告もあり，5日間自発的な運動を行っているマウスは運動していないマウスにBDNFという神経細胞を新生させるのに必要な物質が増加しており（図5-11），さらに2週間運動しているマウスにおいて，よく運動しているマウスほどBDNFの分泌量が海馬にて増加していることがわかった（図5-12）[19]。このことから，長期的に運動を行うことでBDNFを増加させ，神経新生を促し，脳の

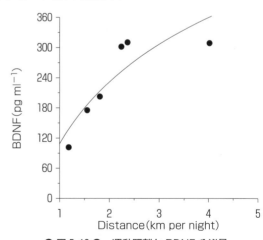

● 図5-12 ●　運動距離とBDNF分泌量
出典：Carl W. Cotman, Nicole C. Berchtold. Exercise: a behavioral intervention to enhance brain health and plasticity. *Trends Neurosci*, 6, 295-301, 2002.

老化に対して一定の効果を与えていると考えられる。

さらに近年では一過性での運動においても脳に対する効果が認められており，10分間の中強度運動によって脳が活性化し，脳機能テストとして行ったストループテストが運動前に比べ運動後に問題に対する反応時間の改善が認められたことから，運動後は脳機能が一時的に改善することが報告されている[20]。これらのことから，運動が脳の老化を防ぐことが分かってきている。

【参考文献】
1）田中越郎『イラストでまなぶ人体のしくみとはたらき』医学書院，2006年，p.215
2）山本敏行ほか『新しい解剖生理学』南江堂，2005年，p.134
3）渡邉 融，臼井永男編著『保健体育』放送大学教育振興会，2001年
4）Tashiro M, Itoh M, et al. 18F-FDG PET mapping of regional brain activity in runners. J spoets Med Psy Fitness. 41, 11-17. 2001.
5）三村寛一編『スポーツ生理学』嵯峨野書院，2002年，p.8
6）山本敏行ほか『新しい解剖生理学』南江堂，2005年，p.145
7）岩田 誠監修『プロが教える脳のすべてがわかる本』ナツメ社，2011年，p.184
8）勝田 茂編著『入門運動生理学』杏林書院，1997年，p.27
9）勝田 茂編著『入門運動生理学』杏林書院，1997年，p.25
10）宮下充正ほか『新訂運動生理学概論』大修館書店，1976年
11）青柳 領『子どもの発育発達と健康』ナカニシヤ出版，2006年，p.25
12）永江誠司『発達と脳――神経発達心理学入門』おうふう，2012年，p.86
13）青柳 領『子どもの発育発達と健康』，ナカニシヤ出版，2006年，p.104
14）Castelli DM, Hillman CH, Buck SM, Erwin HE. Physical fitness and academic achievement in third- and fifth-grade students. J Sport Exerc Psychol, 29, 239-252. 2007.
15）Hillman CH, Buck SM, Themanson JT, Pontifex MB, Castelli DM. Aerobic fitness and cognitive development: event-related brain potential and task performance indices of executive control in preadolescent children. Dev Psychol, 45, 114-129. 2009.
16）山口晴保『読めば納得！認知症予防』協同医書出版社，2008年，p.4
17）Abbott RD, White LR, Ross GW, Masaki KH, Curb JD, Petrovitch H. Walking and dementia in physically capable elderly men. JAMA, 292(12), 1447-1453, 2004.
18）Nicole L spartano, jayandra J Himali,, et al.: Midlife exercise blood pressure, heart rate, and fitness relate to brain volume 2 decades later. Neurology, 84, 14, 1313-1319, 2016.
19）Carl W. Cotman, Nicole C. Berchtold. Exercise: a behavioral intervention to enhance brain health and plasticity. Trends Neurosci, 6, 295-301, 2002.
20）Hyodo K, Dan I, et al.: Acute moderate exercise enhances compensatory brain activation in older adults. Neurobiol Aqing, 33, 11, 2621-2632, 2012.

まとめ

1 神経系は体の各部位の間における情報の伝達と制御を担っており，中枢神経と末梢神経の2つに大別されている。中枢神経とは脳及び脊髄のことであり，全身に分布している神経を末梢神経という。

2 中枢神経とは脳と脊髄のことであり，末梢の様々な部位（筋肉や皮膚など）の刺激に対して考え，命令をだす役割を果たしている。また，脳は細分化すると大脳・間脳・小脳・脳幹に分けられる。

3 末梢神経は体性神経と自律神経に分けられ，体性神経は，中枢神経からの命令を筋肉に伝える役割や，皮膚が受けた刺激を中枢神経に伝える役割をしている。また，自律神経は中枢神経からの命令を内臓に伝える役割をしており，交感神経が働くと，緊張状態を引き起こし，逆に副交感神経が働くと緩和状態を引き起こす。

4 脊髄は大脳からの命令を末梢へ伝達する働きを担っている。また，末梢からの情報を大脳に伝達する役割も担っている。熱いものに手を触れるなど，危険が及んだ場合には大脳を介さずに脊髄で指示を出す場合もある。このことを反射という。

5 随意運動を行うとき，情報は脳幹にある錐体を経由して脊髄に伝わる。その後，脊髄から腕を動かしたい時は腕の筋肉の運動神経へ，足を動かしたい時は足の筋肉の運動神経へ伝達される。この延髄にある錐体を経由して運動神経へ伝わる情報伝達経路を錐体路という。

6 人の発育・発達は，一般型，神経型，リンパ型，生殖型の4つのパターンに大別される。その中でも脳・神経の発育・発達は神経型に分類される。神経型は生後直後から3歳まで急激な発育・発達を遂げ，その後もゆるやかに発育・発達し，12歳前後にほぼ完了する。

7 高齢者において長期的に運動習慣があるものは脳の萎縮や，認知症発症を運動によって緩和することがわかってきており，単回での運動でも脳機能が一時的に改善することが報告されていることから，高齢者において運動が脳の老化を防ぐことが分かってきている。

第6章
エネルギー代謝とスポーツ

1　1日のエネルギー代謝

1日の総エネルギー消費量は，**基礎代謝**，**活動代謝**および**食事誘発性熱産生**に分けることができる。

基礎代謝
活動代謝
食事誘発性熱産生

（1）基礎代謝

人は何もしないで横になっている時でも，生命を維持するために心臓や呼吸などの器官の筋肉は活動している。このような活動に最低限必要なエネルギー量を**基礎代謝量**といい，標準的な日本人では1日の総エネルギー消費量の約60％を占める。

基礎代謝量

基礎代謝量は，正確に測ることができれば，個人毎に実測するのが望ましい。しかし，体格でおおよそ決定されるので，体重などを用いた推定式が作成されている。本質的には体重よりも身体の表面積に比例する

●表6-1● 食事摂取基準の基礎代謝量

性別	男性			女性		
年齢	基礎代謝基準値 (kcal/kg 体重/日)	基準体重 (kg)	基礎代謝量 (kcal/日)	基礎代謝基準値 (kcal/kg 体重/日)	基準体重 (kg)	基礎代謝量 (kcal/日)
1～2（歳）	61.0	11.7	710	59.7	11.0	660
3～5（歳）	54.8	16.2	890	52.2	16.2	850
6～7（歳）	44.3	22.0	980	41.9	22.0	920
8～9（歳）	40.8	27.5	1,120	38.3	27.2	1,040
10～11（歳）	37.4	35.5	1,330	34.8	34.5	1,200
12～14（歳）	31.0	48.0	1,490	29.6	46.0	1,360
15～17（歳）	27.0	58.4	1,580	25.3	50.6	1,280
18～29（歳）	24.0	63.0	1,510	22.1	50.6	1,120
30～49（歳）	22.3	68.5	1,530	21.7	53.0	1,150
50～69（歳）	21.5	65.0	1,400	20.7	53.6	1,110
70以上（歳）	21.5	59.7	1,280	20.7	49.0	1,010

出典：「日本人の食事摂取基準［2010年版］」『日本人の食事摂取基準策定委員会報告書』厚生労働省，2009年

と考えられており，欧米ではこの考え方で標準値が求められているが，計算が非常に複雑となる。そのため，日本では，身体の表面積ではなく体重によって標準化して表示されている。「日本人の食事摂取基準」[1]では，基礎代謝量を推定するために，性・年齢別に体重に乗じる係数（基礎代謝基準値）が示されている（表6-1）。

(2) 活動代謝

日常生活において人は様々な活動をしているため，安静時よりもエネルギーが消費される。エネルギー消費をきたす骨格筋によるすべての身体の動きを**身体活動**といい，身体活動のためのエネルギーを活動代謝という。身体活動は運動と**生活活動**に大別され，ダンベル運動などのレジスタンス運動や，ジョギング，エアロビクスなどの有酸素運動など行動体力の維持・向上を目指して行う計画的，構造的，反復的な目的のある身体活動を「運動」といい，買い物，洗濯物干し，掃除などの家事活動や仕事を含む運動以外のものを「生活活動」という。

> 身体活動
> 生活活動

(3) 食事誘発性熱産生

食事を摂ると体内に吸収された栄養素が分解され，その一部が体熱となって消費される。これは食事を消化するために消化器がエネルギーを必要とすることや，消化吸収された栄養素の代謝のために，より多くのエネルギーを必要とするためである。このように食事摂取に伴うエネルギー代謝の増加を**食事誘発性熱産生**（Diet Induced Thermogenesis：DIT）といい，1日の総エネルギー消費量の約10％を占める。

> 食事誘発性熱産生

2 エネルギー代謝の測定方法

(1) 直接熱量測定法

直接熱量測定法では，消費されたエネルギーが熱となって放散されることを利用し，その熱量を直接測定する。特殊な専用の実験室内に張りめぐらされた管を流れる水の温度変化から，測定室内の被験者が放散す

る熱を測定する。同時に，室内で発生した呼気等の水蒸気の気化熱を測定するとともに，体温の変化も考慮して，エネルギー消費量を評価する。

（2）間接熱量測定法

エネルギーを生み出す際，食物から取り込んだ栄養素の糖や脂質が酸素と反応し，二酸化炭素を産生する。これらの関係にもとづいて，酸素摂取量と二酸化炭素排出量，および尿中窒素量がわかれば，エネルギー消費量が推定できる。三大栄養素のうち，摂取エネルギーに占めるたんぱく質の占める割合を12.5%と仮定すると，以下の式[2]で表される。

> エネルギー消費量（kcal）＝3.9×酸素摂取量＋1.1×二酸化炭素排出量

短時間の活動中のエネルギー消費量を測定する場合には，専用のマスクを装着し，**ダグラスバッグ**と呼ばれる大きな袋に呼気を溜め，ガスメーターを用いて呼気の容積を計測し，ガス濃度分析器を用いて呼気中の酸素および二酸化炭素の濃度を分析する。また，**呼気ガス分析装置**を用いると一呼吸ごとに呼気中の濃度と容積を測定することができるため，活動中のエネルギー代謝の変化をリアルタイムに知ることができる。

ダグラスバッグ

呼気ガス分析装置

長時間あるいは1日以上にわたるエネルギー消費量を測定する方法として，**ヒューマンカロリーメーター法**がある。**メタボリックチャンバー**とも呼ばれる15～20 m^{2}の部屋と空気中の酸素や二酸化炭素濃度あるいは空気の容積などの測定機を備えた大掛かりな設備を用いる。数時間以上に及ぶエネルギー消費量を最も正確に測定することができ，室内でのエネルギー代謝測定の基準法とされる。

ヒューマンカロリーメーター法

メタボリックチャンバー

（3）二重標識水（Doubly labeled water：DLW）法

二重標識水法は，水素と酸素の安定同位体を使ってエネルギー消費量を測定する方法である。分子量が2の水素と分子量が18の酸素を通常の水より多く含む水（二重標識水）を飲むと4～8時間程度で体の中の水分に均一に混ざっていく。その後，酸素は水分（尿・汗・呼気中の水蒸気）や呼気ガス中の二酸化炭素として，水素は水分として排出される。身体活動量の多い人では，酸素を多く使うため，体の水分中の分子量が18の酸素の濃度が速く薄くなる。その原理を使用してエネルギー消費

二重標識水法

量を算出する。

　エネルギー消費量の推定精度は，ヒューマンカロリーメーター法を基準とした場合，±5％程度の精度であり，実験室外のフィールドにおけるエネルギー消費量や身体活動量評価の基準法とされている。

（4）心拍数法

　心拍数法によるエネルギー消費量測定では，とくに中～高強度の活動において，エネルギー消費量と心拍数との間に正の相関関係がみられることを利用している。**心拍モニター**などを使って活動中の心拍数を測定し，あらかじめ個人別に作成しておいたエネルギー消費量と心拍数との関係式を用いてエネルギー消費量を推定する。しかしながら，エネルギー消費量と心拍数の関係は上肢の運動と下肢の運動，また自転車運動と歩行運動といったように運動の様式によって異なる[3]。さらに，姿勢，精神的状態，環境温度や湿度，食事摂取，およびカフェインなどの刺激物などの影響を受けることから，とくにこれらの影響を受けやすい低強度の身体活動では，エネルギー消費量の推定精度が低下することが報告されている[4]。

心拍モニター

（5）加速度計法

　体動に伴う**加速度**の大きさはエネルギー消費量と正の相関があることを利用して，エネルギー消費量を推定する。加速度は垂直方向のものを用いることが多いが，最近では垂直・前後・左右の**3方向の加速度**を用いたものが主流となっている。一般的には加速度計を腰部に装着するが，その多くは小型で軽量のため，不快感は少ない。しかし，坂道や階段の上りでは過小に，坂道や階段の下りではエネルギー消費量は過大に評価してしまう[5]。また，レジスタンストレーニングのような静的運動の場合には，エネルギー消費量は過小に評価されるなど，加速度の大きさは，必ずしもエネルギー消費量と対応しないことがある。また，加速度計の種類によって推定の方法，さらには推定精度に大きな違いがある[6]。そのため，使用する際には，どのような活動をどの程度正確にとらえることができるのか，事前に確認する必要がある。

加速度

3方向の加速度

(6) 生活活動記録法

活動内容を本人または観察者が経時的に記録し，それぞれの活動に応じたメッツなどの強度を用いてエネルギー消費量を推定し，それらを加算することによって，1日のエネルギー消費量を推定する方法である。特別な測定装置や専門的なスキルをあまり必要とせず，比較的簡単に実施できることから幅広く利用されてきた。ただし，推定精度を高めるためには，忘れないようにできるだけ早く行動を詳細に記録することが重要であり，観察者や対象者にとっての負担は少なくない。

3 運動時のエネルギー代謝（運動強度）の示し方

(1) %$\dot{V}O_2max$（最大酸素摂取量の相対値）

運動に伴って活動筋での酸素利用が高まると，肺から体内に取り込まれる**酸素摂取量**が増加する。酸素摂取量は運動強度に比例して直線的に増加するが，ある強度を境にそれ以上は増加しなくなる。この時の酸素摂取量の最大値を**最大酸素摂取量**（$\dot{V}O_2max$）という。酸素摂取量と運動強度の比例関係から，生理的運動強度の指標として，最大酸素摂取量に対する運動時の酸素摂取量の比を用いる。

> 運動強度（％）＝運動時酸素摂取量÷最大酸素摂取量
> 目標酸素摂取量＝最大酸素摂取量×運動強度（％）

(2) %HRreserve（心拍数予備の相対値：カルボーネン法）

酸素摂取量を測定するためには特別な装置が必要となる。そのため，運動指導の現場では運動強度の指標として心拍数を用いることが多い。心拍数を指標とした設定では，安静時心拍数と**推定最大心拍数**（220－年齢）の差である**心拍数予備**（HRreserve）を用いる。

> 運動強度（％）＝（運動時心拍数－安静時心拍数）÷（最大心拍数－安静時心拍数）
> 目標心拍数＝（最大心拍数－安静時心拍数）×運動強度（％）＋安静時心拍数

（3） AT（無酸素性作業閾値）

運動強度の増加に伴い，必要なエネルギーは有酸素系代謝のみでは十分にまかなうことができなくなり，無酸素系代謝が動員され始める。このポイントを**無酸素性作業閾値**（Anaerobic Threshold；**AT**）という。無酸素系による代謝産物である血中乳酸，水素イオン，カリウムイオン濃度の増加は換気量の急激な増加につながる。運動負荷量の増大に対する換気量の変化に着目した場合には**換気性作業閾値**（Ventilatory Threshold；**VT**），血中乳酸濃度の変化に着目した場合には**乳酸性作業閾値**（Lactate Threshold；**LT**）とよばれる。

無酸素性作業閾値（AT）

換気性作業閾値（VT）

乳酸性作業閾値（LT）

AT未満の運動強度では，運動時のエネルギーは有酸素系代謝によってまかなわれるため，乳酸などの代謝産物の蓄積や血圧の上昇が少ない。そのため，健康づくりや生活習慣病の予防および改善を目的とした有酸素運動の強度設定の指標として，運動処方や運動効果の判定などに広く

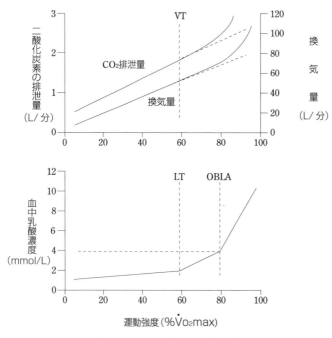

● 図6-1 ● 無酸素性作業閾値
出典：池上晴夫『運動生理学』朝倉書店，1988年

（4）メッツ

各活動のエネルギー消費量が座位安静時代謝量の何倍かを示す値を**メッツ**（metabolic equivalents：METs）という。運動のみでなく，運動以外の日常生活の様々な身体活動についても値が示されている。（表6-2）

座位安静時の酸素摂取量がおよそ3.5 ml/kg/分であり，酸素消費量1 Lにつき，約5 kcalを消費することから，座位安静時のエネルギー消費量は3.5÷1,000×60×5から1.05 kcal/kg/時となる。

また，運動強度に時間をかけた運動量の指標である「メッツ・時」がある。たとえば，約7メッツの強度であるジョギングを約60分/週実施

● 表6-2 ● 生活活動のメッツ表

メッツ	生活活動の例
1.8	立位（会話，電話，読書），皿洗い
2.0	ゆっくりした歩行（平地，非常に遅い＝53 m/分未満，散歩または家の中），料理や食材の準備（立位，座位），洗濯，子どもを抱えながら立つ，洗車・ワックスがけ
2.2	子どもと遊ぶ（座位，軽度）
2.3	ガーデニング（コンテナを使用する），動物の世話，ピアノの演奏
2.5	植物への水やり，子どもの世話，仕立て作業
2.8	ゆっくりした歩行（平地，遅い＝53 m/分），子ども・動物と遊ぶ（立位，軽度）
3.0	普通歩行（平地，67 m/分，犬を連れて），電動アシスト付自転車に乗る，家財道具の片付け，子どもの世話（立位），台所の手伝い，大工仕事，梱包，ギター演奏（立位）
3.3	カーペット掃き，フロア掃き，掃除機，電気関係の仕事：配線工事，身体の動きを伴うスポーツ観戦
3.5	歩行（平地，75～85 m/分，ほどほどの速さ，散歩など），楽に自転車に乗る（8.9 km/時），階段を下りる，軽い荷物運び，車の荷物の積み下ろし，荷づくり，モップがけ，床磨き，風呂掃除，庭の草むしり，子どもと遊ぶ（歩く／走る，中強度），車椅子を押す，釣り（全般），スクーター（原付）・オートバイの運転
4.0	自転車に乗る（≒16 km/時未満，通勤），階段を上る（ゆっくり），動物と遊ぶ（歩く／走る，中強度），高齢者や障がい者の介護（身支度，風呂，ベッドの乗り降り），屋根の雪下ろし
4.3	やや速歩（平地，やや速めに＝93 m/分），苗木の植栽，農作業（家畜に餌を与える）
4.5	耕作，家の修繕
5.0	かなり速歩（平地，速く＝107 m/分），動物と遊ぶ（歩く／走る，活発に）
5.5	シャベルで土や泥をすくう
5.8	子どもと遊ぶ（歩く／走る，活発に），家具・家財道具の移動・運搬
6.0	スコップで雪かきをする
7.8	農作業（干し草をまとめる，納屋の掃除）
8.0	運搬（重い荷物）
8.3	荷物を上の階へ運ぶ
8.8	階段を上る（速く）

出典：改訂版「身体活動のメッツ（METs）表」国立健康・栄養研究所

すると，7メッツ・時と表す。1メッツ・時≒1.05 kcal/kgであるため，以下のようにエネルギー消費量を概算することもできる。

> エネルギー消費量（kcal）≒メッツ・時×体重（kg）×1.05

(5) RPE（自覚的運動強度）

自覚的運動強度（Rate of Perceived Exertion；RPE）は運動中の人がどの程度「きつい」と感じているかを数値で表すものである。スウェーデンの心理学者であるボルグが開発した「非常に楽である」から「非常にきつい」までの15段階で表す「**ボルグスケール**」[8]が用いられる。（表6-3）

自覚的運動強度

ボルグスケール

このスケールの値を10倍したものが心拍数と近似すると言われている。また，ボルグスケールの12〜13，すなわち"ややきつい"と感じる程度の運動がATに近く，安全で効果的な運動強度になると言われてい

● 表6-3 ● 自覚的運動強度
（ボルグスケール）

	疲労度
6	
7	非常に楽である
8	
9	かなり楽である
10	
11	楽である
12	
13	ややきつい
14	
15	きつい
16	
17	かなりきつい
18	
19	非常にきつい
20	

出典：小野寺孝一・宮下充正「全身持久性運動における主観的強度と客観的強度の対応性―Rating of perceived exertionの観点から」『体育学研究』21(4)，1976年，pp. 191-203

る。

【参考文献】
1）厚生労働省「日本人の食事摂取基準［2010年版］」『日本人の食事摂取基準策定委員会報告書』2009年
2）Weir JBdV., "New methods for calculating metabolic rate with special reference to protein metabolism", *J Physiol*. 109: 1949, pp. 1-9.
3）Haskell WL, Yee MC, Evans A, Irby PJ, "Simultaneous measurement of heart rate and body motion to quantitate physical activity", *Med Sci Sports Exerc*. 25(1): 1993, pp. 109-15.
4）Schutz Y, Deurenberg P., "Energy metabolism: overview of recent methods used in human studies", *Ann Nutr Metab*. 40(4): 1996, pp. 183-193.
5）Terrier P, Aminian K, Schutz Y., "Can accelerometry accurately predict the energy cost of uphill/downhill walking?" *Ergonomics* 44(1): 2001, pp. 48-62.
6）田中茂穂・安藤貴史「活動量計による身体活動のモニタリング」『体育の科学』64(8)，2014年，pp. 534-540
7）池上晴夫『運動生理学』朝倉書店，1988年
8）小野寺孝一・宮下充正「全身持久性運動における主観的強度と客観的強度の対応性－Rating of perceived exertionの観点から」『体育学研究』21(4)，1976年，pp. 191-203

まとめ

1 1日のエネルギー消費量は，基礎代謝，活動代謝，食事誘発性熱産生に分けられる。

2 基礎代謝量は標準的な日本人では，1日の総エネルギー消費量の約60%を占める。

3 身体活動のためのエネルギーを活動代謝といい，運動と生活活動に大別される。

4 食事摂取に伴うエネルギー代謝の増加を食事誘発性熱産生といい，1日の総エネルギー消費量の約10%を占める。

5 短時間の活動中のエネルギー消費量の測定には，専用のマスクを装着し，ダグラスバッグまたは携帯型の呼気ガス分析装置を用いる。

6 長時間あるいは1日以上にわたるエネルギー消費量を測定するヒューマンカロリーメーター法は，室内でのエネルギー代謝測定の基準法とされる。

7 水素と酸素の安定同位体を使ってエネルギー消費量を測定する二重標識水法はフィールドでのエネルギー代謝測定の基準法とされる。

8 生理的運動強度の指標として，最大酸素摂取量に対する運動時の酸素摂取量の比を用いる。

9 運動指導の現場では，カルボーネン法といわれる心拍数予備を用いた運動強度の指標が用いられる。

10 運動強度の増加に伴い有酸素系代謝に加えて，無酸素系代謝が動員され始めるポイントを無酸素性作業閾値（Anaerobic Threshold；AT）という。

11 座位安静時代謝量の何倍の強度かを示すメッツは，運動および日常生活のさまざまな身体活動の値が示されている。

第7章
代謝とスポーツ

筋収縮において，直接のエネルギー源である**アデノシン三リン酸**（adenosine triphosphate：**ATP**）の生体内貯蔵量は極めて少ない。したがって，運動を継続させるにはATPを生体内で再合成しなければならないが，ATPの再合成に必要不可欠なエネルギー基質が糖質と脂質である。

アデノシン三リン酸
（ATP）

1 糖代謝と運動

（1）エネルギー源としての糖質

糖質は骨格筋や肝臓では**グリコーゲン**として，血液中では**グルコース**として存在する。肝臓に蓄えられているグリコーゲンは，グルコースに分解されて血液中に放出され，筋に取り込まれる（図7-1）。骨格筋や肝臓に蓄えられているグリコーゲンの量は約500gであり，糖質1gからは約4 kcalのエネルギーが得られるため，生体では約2,000 kcalのエネルギーを糖質で蓄積していることになるが，これでは1日のエネルギー消費量をまかなうことができない。しかし，エネルギー源として脂質を利用するよりも糖質を利用する方が，素早くATPを再合成できるため，糖質は激しい運動にとって必要不可欠なエネルギー源である。

グリコーゲン
グルコース

（2）運動時における糖代謝

運動時，骨格筋は筋グリコーゲンを分解（解糖）するとともに，グルコーストランスポーター4（**GLUT4**）を利用して血中グルコースを取り込み，解糖系またはミトコンドリア内で代謝することでATPを再合成している（図7-2）。

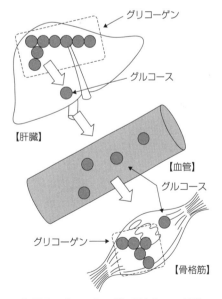

● 図7-1 ● エネルギー源としての糖質

GLUT4

低強度（25% $\dot{V}O_2max$）の運動時，骨格筋は脂質を主なエネルギー源として利用している。しかし，運動強度が 65% $\dot{V}O_2max$ を超えてくると脂質の利用割合は減少し，糖代謝が亢進する（図7-3）。また，糖代謝の中でも，筋に蓄えられているグリコーゲンの利用量が急激に増加する（図7-3）。筋グリコーゲンがグルコースとして血液中に放出されることはないが，解糖系の代謝産物である**乳酸**はトランスポーター（monocarboxylate transporter：**MCT**）を介して，血液中に放出される（図7-2）。

65% $\dot{V}O_2max$ の運動を長時間持続すると，時間の経過とともに糖質の利用割合が減少する（図7-4）。

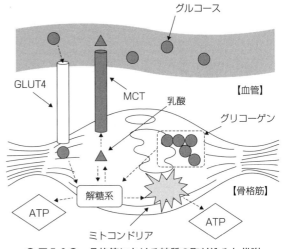

● 図7-2 ● 骨格筋における糖質の取り込みと代謝

乳酸
MCT

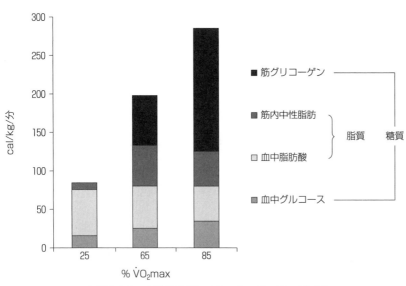

● 図7-3 ● 運動強度別にみたエネルギー源の利用量

出典：Romijn JA, Coyle EF, Sidossis LS, Gastaldelli A, Horowitz JF, Endert E, Wolfe RR., "Regulation of endogenous fat and carbohydrate metabolism in relation to exercise intensity and duration", *Am J Physiol*. 1993 Sep; 265 (3 Pt 1): E380-91.

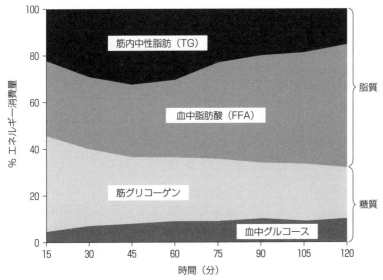

● 図7-4 ● 長時間運動におけるエネルギー源の利用量割合

出典：Romijn JA, Coyle EF, Sidossis LS, Gastaldelli A, Horowitz JF, Endert E, Wolfe RR., "Regulation of endogenous fat and carbohydrate metabolism in relation to exercise intensity and duration", *Am J Physiol*. 1993 Sep; 265 (3 Pt 1): E380-91.

（3） 運動トレーニングによる糖代謝の適応

運動トレーニングによって，骨格筋は糖質よりも脂質を優先的に利用できるようになる。つまり，筋グリコーゲンを節約できるようになり，持久的なパフォーマンスが向上する。この適応現象には，ミトコンドリアの増加やGLUT4の増加等，様々なメカニズムが考えられる。

1 ミトコンドリアの増加

中等度以上（乳酸性作業閾値（LT）強度以上）の運動トレーニングは，活動筋におけるミトコンドリアの数を増加させる（図7-5）。その結果，筋グリコーゲンの分解（解糖系）によるATPの再合成が抑制されるとともに，増加したミトコンドリアでの脂質代謝が亢進するため，生体内に蓄えている糖

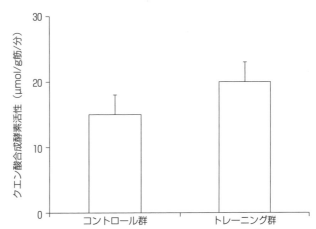

● 図7-5 ● 運動トレーニングがクエン酸合成酵素活性※へ及ぼす影響
※ミトコンドリア新生の指標
出典：Terada S, Yokozeki T, Kawanaka K, Ogawa K, Higuchi M, Ezaki O, Tabata I., "Effects of high-intensity swimming training on GLUT-4 and glucose transport activity in rat skeletal muscle", *J Appl Physiol* (1985). 2001 Jun; 90(6): 2019-24.

質の節約効果がもたらされる。

2 GLUT4 の増加

中等度以上（乳酸性作業閾値（LT）強度以上）の運動トレーニングは，活動筋におけるGLUT4の数を増加させる（図7-6）。その結果，運動やインスリンの作用によって，筋内にグルコースを多く取り込むことが可能となり，運動後の栄養補給による筋グリコーゲンの回復も早まる。

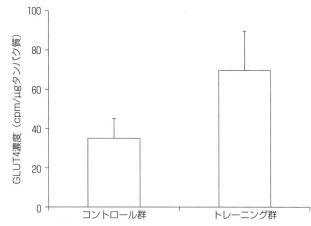

● 図7-6 ● 運動トレーニングがGLUT4へ及ぼす影響
出典：Terada S, Yokozeki T, Kawanaka K, Ogawa K, Higuchi M, Ezaki O, Tabata I., "Effects of high-intensity swimming training on GLUT-4 and glucose transport activity in rat skeletal muscle", *J Appl Physiol* (1985). 2001 Jun; 90(6): 2019-24.

2 脂質代謝と運動

(1) エネルギー源としての脂質（図7-7）

脂質の1つである**トリグリセリド**（TG）は，グリセロールと**脂肪酸**で構成されている。脂肪細胞に蓄えられたTGは，エネルギー不足が生じるとリパーゼの作用によってグリセロールと脂肪酸に分解され，血液中に放出される。血中の脂肪酸は，遊離脂肪酸（free fatty acid：FFA）とよばれ，骨格筋に取り込まれ，筋内TGとして蓄えられるとともに，運動時にはミトコンドリアで代謝され，ATPを再合成する。脂質と糖質のエネルギー産生量を比べると，糖質は1gあたり約4kcalであるのに対し，脂質は約9kcalである。

(2) 運動時における脂質代謝

運動時にエネルギー源として利用される脂質

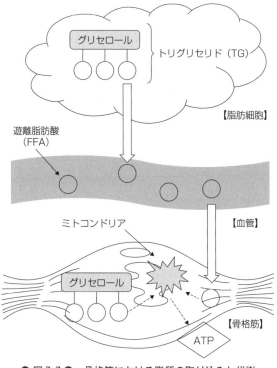

● 図7-7 ● 骨格筋における脂質の取り込みと代謝

は，筋内 TG や血中 FFA であり，とくに低強度（25% $\dot{V}O_2max$）の運動では，脂質が重要なエネルギー源となる（図7-3）。しかし，運動強度の増加にともない，脂質の利用割合は減少していく（図7-3）。これは，血中乳酸による脂肪合成の亢進や脂肪細胞への血流量の減少などが原因とされている。一方，運動の持続時間が長くなると，時間の経過とともに脂質代謝が亢進する（図7-4）。また，脂質代謝の中でも，血中の FFA の利用量が増加する（図7-4）。生活習慣病に対する運動療法を行った際，初期効果として血中脂質代謝マーカーの改善があげられるが，そのメカニズムの1つが持続運動による血中 FFA 利用量の増加であると考えられる。

(3) 運動トレーニングによる脂質代謝の適応

運動トレーニングによって，骨格筋における脂質代謝は，糖質代謝よ

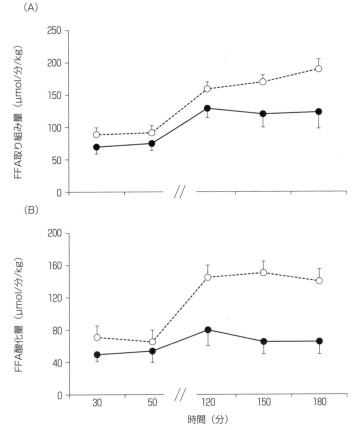

● 図7-8 ● 運動中の骨格筋における FFA 取り込み量（A）と酸化量（B）
（○トレーニング群，●非トレーニング群）
出典：Turcotte LP, Richter EA, Kiens B., "Increased plasma FFA uptake and oxidation during prolonged exercise in trained vs. untrained humans", *Am J Physiol*. 1992 Jun; 262 (6 Pt 1): E791-9.

りも亢進する。運動トレーニング（とくに，持久的トレーニング）は，血中FFAの骨格筋への取り込みを増大させ（図7-8A），FFAの酸化量を増加させる（図7-8B）。この運動トレーニングによる脂質代謝の適応には，β-酸化にかかわる酵素やクエン酸合成酵素などの活性が関与している。

③ 呼吸商と呼吸交換比

エネルギー源が各組織において燃焼する時，排出される二酸化炭素（CO_2）と消費される酸素（O_2）の比を**呼吸商**（respiratory quotient：**RQ**）という。RQは，エネルギー源として脂質のみが利用されている時は約0.7に，糖質のみが利用されている時は約1.0になる（図7-9）。つまり，RQは脂質と糖質が生体内で利用された割合を示すことになる。実際に運動した際のエネルギー代謝量を求めるには，呼気を採取して排出されたCO_2と消費されたO_2から求める。呼気ガスから求めるRQは**呼吸交換比**（respiratory exchange ratio：**RER**）とよばれている。激しい運動の際には，RERが1.0を超えることがある。これは，乳酸生成で体内がアシドーシス（pHの低下）となり，pHを調節する必要があるため，二酸化炭素が過剰に排出されることが原因とされている。

呼吸商（RQ）

呼吸交換比（RER）

● 図7-9 ● 呼吸商（RQ）

RQ＝排出されたCO_2÷消費されたO_2

④ エネルギー摂取と運動

肥満の予防・改善には，適度な運動がすすめられている。しかし，運動が食欲を刺激し，過食を招くことも十分に考えられるため，運動指導をする際には，運動と食欲との関係を理解しておく必要がある。

近年，有酸素運動によって，消化管から分泌される食欲調節ホルモンが変化し，運動後のエネルギー摂取量を減少させることが明らかにされてきた（図7-10）。この現象は，運動が単にエネルギー消費量を増加さ

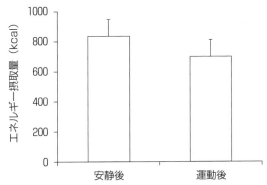

● 図7-10 ● 運動がエネルギー摂取量へ及ぼす影響
出典：Ueda SY, Yoshikawa T, Katsura Y, Usui T, Nakao H, Fujimoto S. Changes in gut hormone levels and negative energy balance during aerobic exercise in obese young males. J Endocrinol. 2009 Apr;201 (1):151-9.

せるのみならず，食欲を調節し，過食を予防するという運動療法の新たな価値を示している。

【参考文献】
1）Romijn JA, Coyle EF, Sidossis LS, Gastaldelli A, Horowitz JF, Endert E, Wolfe RR., "Regulation of endogenous fat and carbohydrate metabolism in relation to exercise intensity and duration", *Am J Physiol*. 1993 Sep; 265 (3 Pt 1): E380-91.
2）Terada S, Yokozeki T, Kawanaka K, Ogawa K, Higuchi M, Ezaki O, Tabata I., "Effects of high-intensity swimming training on GLUT-4 and glucose transport activity in rat skeletal muscle", *J Appl Physiol* (1985). 2001 Jun; 90(6): 2019-24.
3）Turcotte LP, Richter EA, Kiens B., "Increased plasma FFA uptake and oxidation during prolonged exercise in trained vs. untrained humans", *Am J Physiol*. 1992 Jun; 262 (6 Pt 1): E791-9.
4）Ueda SY, Yoshikawa T, Katsura Y, Usui T, Nakao H, Fujimoto S., "Changes in gut hormone levels and negative energy balance during aerobic exercise in obese young males", *J Endocrinol*. 2009 Apr;201 (1):151-9.

まとめ

1 糖質は骨格筋や肝臓ではグリコーゲンとして，血液中ではグルコースとして存在し，1gあたり約4kcalのエネルギーが得られる。

2 運動時，骨格筋はGLUT4を利用して血中グルコースを取り込む。

3 運動時，筋で代謝された乳酸はMCTを介して，血液中に放出される。

4 運動強度が増加してくると脂質の利用割合は減少し，糖代謝が亢進する。また，糖代謝の中でも，筋に蓄えられているグリコーゲンの利用量が急激に増加する。

5 脂質の1つであるトリグリセリド（TG）は，グリセロールと遊離脂肪酸（free fatty acid：FFA）で構成されており，1gあたり約9kcalのエネルギーが得られる。

6 低強度の運動では，脂質が重要なエネルギー源となる。また，運動の持続時間が長くなると，時間の経過とともに脂質代謝が亢進する。

7 運動トレーニングによって，骨格筋は糖質よりも脂質を優先的に利用できるようになる。つまり，筋グリコーゲンを節約できるようになり，持久的なパフォーマンスが向上する。

8 運動トレーニングによって，ミトコンドリアおよびGLUT4は増加する。

9 呼吸商（RQ）＝排出されたCO_2÷消費されたO_2

10 有酸素運動によって，消化管から分泌される食欲調節ホルモンが変化し，運動後のエネルギー摂取量を減少させる。

第8章
体温調節とスポーツ

1 体温調節機能の仕組みと働き

　体温を維持させている体熱は，体内で物質が代謝される際に作られる。一方，作られた熱は体表面から体外に放出される。このように体内で熱が作られることを**熱産生**，体外に熱が放出されることを**熱放散**という。運動等で代謝が促進すると熱産生が，逆に環境温が低下し体温との差が大きくなると熱放散が亢進する。このようにヒトの活動や環境は刻々と変化しているにもかかわらず，なぜヒトの体温はほぼ一定に保つことができるのだろうか。

熱産生
熱放散

　ヒトが暑熱環境あるいは寒冷環境に置かれると，体温を一定に保つために**行動性体温調節**と**自律神経性体温調節**が働く。たとえば暑い時には薄着になり，冷房や扇風機をつける。一方，寒い時には厚着になり，暖房をつける。このように，意識して体温を調節する行動が行動性体温調節である。ところが，行動性体温調節では体温を一定に保つことが困難なことがある。そのような場合，たとえば体温が上がれば皮膚血流量の増加や，汗をかく。逆に体温が下がれば，皮膚血流量の減少や体のふるえが起こる。このような環境の変化に無意識に対応するのが自律神経性体温調節である。

行動性体温調節
自律神経性体温調節

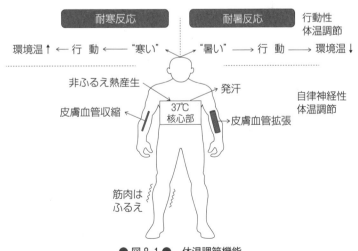

● 図8-1 ● 体温調節機能

出典：彼末一之「第1章第1節　体温調節中枢からみた自律分散型調節システム」平田耕造ほか編『体温：運動時の体温調節システムとそれを修飾する要因』ナップ，2002年，pp.6-16より作成

2 熱産生と熱放散

体熱は，骨格筋で約6割，肝臓で2割産生される。この産生された体熱は，主に血液を介して体表面に運ばれ，放散される。この熱産生と熱放散はどのような機序で起こるのだろうか。

(1) 熱産生

体内では，代謝やふるえ，非ふるえ等によって熱産生が起こる。

代謝とは，外界から取り入れられた化合物をもとにして行う一連の化学反応を指す。なかでも，生命を維持するために必要な覚醒時のエネルギー代謝を基礎代謝，その量を基礎代謝量という。このエネルギー代謝の過程で栄養素がアデノシン三リン酸（ATP）に変換されるが，その効率は100%とはいかないため，残りが熱に変わる。成人の基礎代謝量は1,500〜2,000 kcalであり，中枢神経系が20%，呼吸循環器系が16%，消化器系が30%，骨格筋が25%程度を占める[2]。基礎代謝量は，体重，体表面積，性，年齢などの影響を受ける。

代謝

この代謝量は，身体活動，食事等によって変化する。身体活動とは，いわゆる日常における生活活動と運動やスポーツ活動の和である。一般的に身体活動時には体温は上昇する。これは，エネルギー生産量の20%しか筋活動で利用されず，残りが熱に変換されるからである。身体活動における熱産生は活動強度に依存し，活動強度が高ければ熱産生が大きくなる。食事による熱産生（食事誘発性熱産生）は，体内に吸収された栄養素が分解される過程で，その一部が熱になって消費されるために起こる。食事誘発性熱産生によるエネルギー消費量は栄養素によって異なる。タンパク質のみ摂取した場合は30%，糖質のみの場合は6%，脂質のみの場合は4%が熱として失われる。通常の食事ではこれらの栄養素が混合されているので，日本人の平均的な食事だと10〜20%とされる[2]。

ふるえによる熱産生とは，骨格筋の収縮によって起こる熱産生のうち，寒冷環境に暴露された際にヒトの体が小刻みにふるえることで産生される熱を指す。ふるえによる熱産生では，不随意的に屈曲筋と伸展筋が同

ふるえによる熱産生

時に収縮するので，外に対する仕事ができない。そのため，骨格筋が収縮する際に用いられるATPが全て熱に変わり，基礎代謝に比べて3～5倍の熱を産生できる。しかし骨格筋は体表面付近にその多くが存在するため，体温を調節するための熱産生としては効率が悪く，熱の獲得は50％程度である[3]。

一方，**非ふるえによる熱産生**とは，骨格筋の収縮によらない熱産生を指す。非ふるえによる熱産生の主要発現部位は肩甲骨間や頸部，胸腹部血管沿いなど全身に局在する褐色脂肪組織である[3]。非ふるえによる熱産生は身体内部で起こるため，体温調節としての効率はふるえによる熱産生に比べると高い。ふるえによる熱産生は緊急避難的に起こす反応であるのに対し，非ふるえによる熱産生は寒冷暴露による寒冷馴化（寒い環境に体が慣れること）で促進される熱産生といえる。

非ふるえによる熱産生

(2) 熱 放 散

熱放散には，水分の蒸発による**蒸散性熱放散**と水分の蒸発を伴わない**非蒸散性熱放散**がある。

蒸散性熱放散
非蒸散性熱放散

蒸散性熱放散には，皮膚や気道粘膜でおこる自覚されない水分の蒸発（不感蒸散）と汗の蒸発によるものがあり，いずれも水分が気化する際に物体から熱を奪う気化熱が利用される。不感蒸散は，常温安静状態で1日約900gが目安とされ，その7割が皮膚，残りが気道で失う。発汗は，視床下部の体温調節中枢によって制御される。発汗量が増加すると，再吸収されない塩化ナトリウム量も増加するため，発汗量が多いほどその濃度は高くなる。なお，汗が1g気化すると0.58kcalの熱放散が行われるが，この汗とは蒸発で失われた水分であり，流れ落ちた汗ではない。

非蒸散性熱放散には，**伝導**，**対流**，**放射**がある。これらは，体の深部の熱が皮膚血管の拡張により体表面付近に移動し，体外に放出される際に作用する。伝導とは，物体が移動せずに直接触れ合うことにより熱が放散する現象である。空気の熱伝導性は悪く，熱放散に占める割合は低い。しかし，**熱伝導率**は気体，液体，固体の順に高くなるため，プールなどの水中に入った場合は体温が奪われやすく，低体温に注意しなければならない。対流とは，体表面付近の空気が移動することで，熱放散が起きる現象である。体温で暖められた体表面付近の空気は上昇し，冷た

伝導
対流
放射

熱伝導率

第8章 体温調節とスポーツ

い空気が体表面に移動する。風や運動などで強制的な対流を生じさせれば，対流による熱放散がさらに促進する。放射とは，体に接していない物質との間に電磁波として熱を放散する現象である。

熱放散は，環境温の影響を受ける。環境温が低いと非蒸散性熱放散と蒸散性熱放散の両方が作用し，蒸散性熱放散はその大半を不感蒸散が担う。ところが環境温が上昇すると，外部から体内に熱が流入するため，非蒸散性熱放散が作用しなくなる。環境温の上昇により発汗が促進されるため，汗の蒸発による熱放散が唯一の方法となる。

3 運動時の体温調節

これまでは安静時に熱産生と熱放散が均衡を保つことで，体温が一定に保たれることを学んだ。ところが，エネルギー代謝が安静時の10倍以上になる運動時には熱産生が熱放散を大きく上回るため，熱放散機能が重要な役割を担う。

前述のように，熱放散させるには皮膚血流量の増加と発汗が欠かせない。血流量は，運動時のエネルギー供給の際に用いる酸素や栄養素を活動筋へ運搬することに加え，産生された熱を放散するために増加する。ところが環境温が高くなると，熱放散に要する血流量が増加するため，活動筋への血流が制限される。活動筋への血流の制限は，酸素摂取量の制限を生じ，パフォーマンスの低下に繋がる。また，運動が長時間に及ぶと発汗の影響も見逃せない。発汗による血漿量の減少は血液粘度を高め，循環機能を低下させる。体重の3％の水分が失われると運動能力や体温調節機能が低下するので注意しなければならない。さらに発汗は体水分の喪失に加え，塩化ナトリウム等のミネラルを排出するため筋痙攣のリスクを高める（図8-2）。そのため，水分に加え塩分の補給も望まれる（表8-1）。**水分**

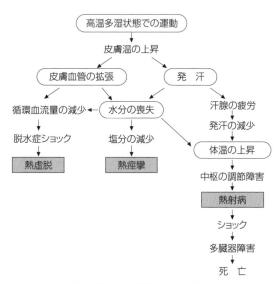

● 図8-2 ● 高温環境下で運動をした際の生体反応と暑熱障害
出典：前田如矢・浅井利夫編著『スポーツ内科ハンドブック』中外医学社，1993年

や塩分の補給の目安としては、体重測定をおこない、その減少分と同等の水分または 0.1〜0.2％程度の食塩水、つまり 1 L の水に 1〜2 g の食塩を加えた物がよい。さらに砂糖大さじ 2〜4 杯（20〜40 g）の糖分を加えると効率よく水分が吸収できようになる。このような組成の水を 5〜15℃くらいに冷やして飲むことが進められる。水分や塩分の補給は、体外に排出された水分塩分を補給するのではなく、事前に補給しておいた水分塩分を体外に排出させるようなタイミングでおこなうのがよい。そうすることで、本来の体水分量が維持される。

● 表 8-1 ● 水分と塩分の補給

- 水分＋塩分の摂取
  　0.2％程度の塩分濃度
- 運動前からの水分塩分補給
  　500 ml 程度の補給
- 体重減少量を目安に供給量を決定
  　夏は 4〜5％体重減少
  　2％以内の体重減少に止まるような水分塩分補給
- 口渇感がなくても積極的に水分塩分補給

出典：輿水健治「第 3 章　スポーツに関連した外傷・疾病　3．熱中症」『基礎から学ぶ！スポーツ救急医学』ベースボール・マガジン社，2009 年，pp.92-99

水分補給
塩分補給

　寒冷環境下でも運動によるパフォーマンスは変化する。運動による骨格筋での熱産生は、暑熱環境下と何ら変わらない。ところが、体温と環境温の差が大きいため熱放散の効率は高まる。寒冷環境下では放熱に必要な皮膚血流量が少なく、活動筋に十分な血流が確保されることに加え、心機能を亢進させるノルアドレナリン分泌量が増加するため[5]、運動には有利に働くと考えられる。一方で、末梢血管の収縮に伴う血圧の上昇には留意しなければならない。とくに高齢者や循環器疾患患者には、運動前の**ウォーミングアップ**は入念におこない、体を十分に温めることが求められる。

ウォーミングアップ

熱中症と運動

（1）熱中症の症状

　環境温が 35℃を超えるような猛暑日では、体温と環境温の差が小さいため体の熱が放散されにくく、体温が異常に上昇することがある。暑熱環境下に居る、あるいは居た後の体調不良は**熱中症**が疑われる。とくに、低体力、肥満、暑さになれてない、熱中症になった経験がある等の場合は要注意である。

熱中症

　熱中症対策として予防が最も大切であることは言うまでもないが、早期発見・早期治療により重症化や死に至ることを回避することができる。

● 表8-2 ● 熱中症分類とその症状

	症状	治療	臨床症状からの分類
Ⅰ度 (応急処置と見守り)	めまい，立ちくらみ，生あくび 大量の発汗 筋肉痛，筋肉の硬直 意識障害を認めない（JCS＝0）	通常は現場で対応可能 →冷所での安静，体表冷却，経口的に水分とNaの補給	熱けいれん 熱失神
Ⅱ度 (医療機関へ)	頭痛，嘔吐， 倦怠感，虚脱感， 集中力や判断力の低下 （JCS≦1）	医療機関での診察が必要→体温管理，安静，十分な水分とNaの補給（経口摂取が困難なときには点滴にて）	熱疲労
Ⅲ度 (入院加療)	下記の3つのうちいずれかを含む (C) 中枢神経症状（JCS≧2，小脳症状，痙攣発作）(H/K) 肝・腎機能障害（入院経過観察，入院加療が必要な程度の肝または腎障害）	入院加療（場合により集中治療）が必要 →体温管理 (体表冷却に加え体内冷却，血管内冷却などを追加)	熱射病
	(D) 血液凝固異常（急性期DIC診断基準にてDICと診断）	呼吸，循環管理 DIC治療	

Ⅰ度の症状が徐々に改善している場合のみ，現場の応急処置と見守りでOK

Ⅱ度の症状が出現したり，Ⅰ度に改善が見られない場合，すぐ病院へ搬送する（周囲の人が判断）

Ⅲ度か否かは救急隊員や，病院到着後の診察・検査により診断される

出典：日本救急医学会『「熱中症に関する委員会」の推奨する分類：日本救急医学会熱中症分類2015』著者改変

熱中症の症状は，Ⅰ度，Ⅱ度，Ⅲ度の3段階に分類される（表8-2）。Ⅰ度は，めまい，立ちくらみ，生あくび，大量の発汗等の症状がみられる。冷所での安静，体表冷却，経口的水分，ナトリウム補給等の対応が求められる。**熱痙攣**や**熱失神**がこの分類にあたる。Ⅱ度は，頭痛，嘔吐，集中力や判断力の低下等の症状がみられ，**熱疲労**がこの分類にあたる。Ⅲ度は，意識障害，痙攣，高体温等の症状がみられ，**熱射病**がこの分類にあたる。Ⅱ度以上症状の出現やⅠ度症状が改善しない場合，あるいは意識がない，自力で水分補給ができない場合は，医療機関へすぐに搬送することが求められる。

熱痙攣
熱失神
熱疲労
熱射病

(2) 熱中症リスク管理

熱中症を引き起こす要因に，「環境」，「からだ」，「行動」がある。とくに高い環境温は熱中症に繋がりやすいが，湿度が高い，風が弱いことも熱中症の原因となる。そのため，ただ単に温度計で環境温を測るだけでは熱中症を予防できない。そこで，熱中症予防を目的に**湿球黒球温度**（WBGT：Wet Bulb Globe Temperature）が提唱された（表8-3）。WBGTは気温と同じ摂氏度（℃）で示されるが，その意味は気温と異なる。WBGTは，人体と外気との熱のやりとりに着目した指標で，人体の熱

湿球黒球温度

● 表8-3 ● 熱中症予防運動指針

気温	湿球黒球温度 (WBGT)	熱中症予防運動指針	
35℃以上	31℃以上	運動は原則中止	WBGT31℃以上では，特別の場合以外は運動を中止する。特に子どもの場合は中止すべき。
31～35℃	28～31℃	厳重警戒 (激しい運動は中止)	WBGT28℃以上では，熱中症の危険性が高いので，激しい運動や持久走など体温が上昇しやすい運動は避ける。運動する場合には，頻繁に休息をとり水分・塩分の補給を行う。体力の低い人，暑さになれていない人は運動中止。
28～31℃	25～28℃	警戒 (積極的に休息)	WBGT25℃以上では，熱中症の危険が増すので，積極的に休息をとり適宜，水分・塩分を補給する。激しい運動では，30分おきくらいに休息をとる。
24～28℃	21～25℃	注意 (積極的に水分補給)	WBGT21℃以上では，熱中症による死亡事故が発生する可能性がある。熱中症の兆候に注意するとともに，運動の合間に積極的に水分・塩分を補給する。
24℃未満	21℃未満	ほぼ安全 (適宜水分補給)	WBGT21℃未満では，通常は熱中症の危険は小さいが，適宜水分・塩分の補給は必要である。市民マラソンなどではこの条件でも熱中症が発生するので注意。

出典：(公財) 日本体育協会『スポーツ活動中の熱中症予防ガイドブック』，2013年

収支に与える影響の大きい①湿度，②日射・輻射(ふくしゃ)など周辺の熱環境，③気温の要素を取り入れている。

夏の運動では，WBGTを用いて暑熱ストレスを感じない環境・時間を選択し，暑さに体を慣らすことを考慮した計画の実施が大切である。また寝不足や疲労感があるなど体調が悪いときは，熱中症のリスクが高まるため，普段から自分の体調を確認する習慣を身に付けるべきである。体調が悪い場合には，普段よりも風通しのよい環境を選択したり，場合によっては運動を中止したりすることも選択肢とするべきである。

(3) 子どもや高齢者の熱中症予防

子どもや高齢者は，成人に比べ熱中症のリスクが高い。なぜ子どもや高齢者は熱中症になりやすいのだろうか。

子どもにも成人と同様に熱放散機能はある。ところが子どもは汗腺サイズが小さく，その機能が未発達なため大人に比べると発汗量は少ない[9]。環境温が高まり，発汗による蒸発性熱放散しか作用しなくなると，その少ない発汗量では熱放散が十分に賄えない。その結果，体内に熱がたまり，熱中症のリスクが高まる。このように子どもは体温調節機能が十分に発達していない上，遊びや運動・スポーツに夢中になりやすいので，周りにいる大人の配慮が求められる。

一方，高齢者は加齢に伴う血管拡張機能の低下により，酸素供給量が低下し，それが汗腺を萎縮させることで発汗量が低下する[10]。さらに暑

さやのどの渇き（水分不足）に対する感覚が鈍くなり[11]，自律性体温調節機能に加え，行動性体温調節機能も低下している。そのため，本人の感覚に頼らずこまめな対応が必要である。

【参考文献】
1）彼末一之「第1章第1節　体温調節中枢からみた自律分散型調節システム」平田耕造ほか編『体温：運動時の体温調節システムとそれを修飾する要因』ナップ，2002年，pp.6-16
2）本間研一ほか「第13編　環境と生体」小澤瀞司・福田康一郎監修『標準生理学［第7版］』医学書院，2009年，pp.857-900
3）黒島晨汎「体温調節適応性熱産生・非ふるえ熱産生の調節機構」『旭川医科大学研究フォーラム』2(2)，2001年，pp.3-13
4）前田如矢・浅井利夫編著『スポーツ内科ハンドブック』中外医学社，1993年
5）輿水健治「第3章　スポーツに関連した外傷・疾病　3．熱中症」『基礎から学ぶ！スポーツ救急医学』ベースボール・マガジン社，2009年，pp.92-99
6）Sato J, Takanari K, Omura S, Mizumura K, 2001 "Effects of lowering barometric pressure on guarding behavior, heart rate and blood pressure in a rat model of neuropathic pain", *Neuroscience letters*, 299(1), pp.17-20.
7）日本救急医学会『「熱中症に関する委員会」の推奨する分類：日本救急医学会熱中症分類2015』
8）（公財）日本体育協会『スポーツ活動中の熱中症予防ガイドブック』，2013年
9）井上芳光「第4章第3節　発育と老化による修飾作用」平田耕造ほか編『体温：運動時の体温調節システムとそれを修飾する要因』ナップ，2002年，pp.180-198
10）井上芳光「子どもと高齢者の熱中症予防策」『日本生気象学会雑誌』41(1)，2004年，pp.61-66
11）環境省「熱中症環境保健マニュアル2018」2018年（http://www.wbgt.env.go.jp/heatillness_manual.php，検索日2018年8月）

まとめ

1. ヒトの体温調節機能には熱産生と熱放散がある。
2. 体温を一定に保つため，意識して調節する行動性体温調節と無意識に調節する自律神経性体温調節が働く。
3. 熱産生には，代謝による熱産生，ふるえによる熱産生，非ふるえによる熱産生がある。
4. 熱放散には，水分の蒸発による蒸散性熱放散と熱の伝導，対流，放射による非蒸散性熱放散がある。
5. 環境温が高いと熱放散が制限され熱中症のリスクが高まる。
6. 発汗により，水分と塩化ナトリウム等が体外に排出されるため，水分や塩分の補給が必要である。補給量の目安は，発汗により減少した体重と同等の水分または0.1〜0.2％の食塩水が望まれる。
7. 熱中症を引き起こす要因に「環境」，「からだ」，「行動」がある。
8. 熱中症予防を目的に，湿度，周辺の熱環境，気温の要素を取り入れた湿球黒球温度が提唱されている。
9. 子どもは，発汗機能が未熟で発汗量が少ないため熱中症のリスクが高まる。
10. 高齢者は，血管拡張機能等の自律性体温調節機能に加え，行動性体温調節機能も低下しているため熱中症のリスクが高まる。

第9章
免疫系とスポーツ

1 免疫系の構造と機能

(1) 免疫とは

免疫とは，私たちの身体にとって異物である物質が，体内に侵入したり，あるいは出現したりした場合に，その異物を排除して，体内を本来の正常な状態に保とうとする働きである。私たちの身体に免疫反応を引き起こす異物を**抗原**といい，抗原を認識して免疫反応を成立させる一連の生体反応を**免疫応答**という。

抗原

免疫応答

(2) 免疫応答の特徴

免疫応答には，次の3つの特徴がある。
① 免疫は，「自己」と「非自己」を識別し，「非自己」と認識した物質に対して免疫応答が起こる。
② いったん「非自己」と認識された物質は記憶される。
③ ある「非自己」によって引き起こされた免疫応答は，その「非自己」に対してだけ，「鍵と鍵穴」のような関係で選択的に反応する。これを免疫の**特異性**という。

特異性

(3) 免疫の種類

1 自然免疫系

自然免疫系

自然免疫系とは，生体が生まれながらにして持っている，ある種の病原体に対する強い自然抵抗性のことである。病原体や異物の侵入に対して，獲得免疫系に先立って速やかに働き，感染防御の第一線として機能する。さらに外部からの異物に対して非特異的に作用し，病原菌やガン細胞を直接攻撃する免疫機能である。

2 獲得免疫系

獲得免疫系とは，生後に病原体やその成分に触れることによって獲得した免疫力である。自然免疫系は完全なものではなく，病原体や異物のなかにはこれをすり抜け体内に侵入するものがある。獲得免疫系は，作用するのにやや時間（数日）はかかるものの，自然免疫系では処理し切れなかった病原体や異物に対して，より強力な感染防御機能として作用し，抗原に対する特異的な作用を示す。

3 局所免疫機能（体表面の自然免疫系）

① 皮膚

病原体などの異物の侵入は皮膚から起こりやすい。これに対して正常な皮膚は，強固な物理的バリアとして体組織内への異物の侵入を防いでいる。皮膚の角質層は厚く，そこに付着したものは，新陳代謝にともない垢となって剝がれ落ち処理されている。

② 口腔内粘膜・唾液

口腔内は皮膚よりも物理的バリアとしての抵抗性が弱く，多くの病原体の侵入部位となりやすい。そのため口腔内粘膜や唾液は，生理的な作用によって病原体の定着や体組織内への侵入を防ぐ働きが備わっており，感染防御の第一線として機能している（**唾液免疫グロブリンA**，**唾液抗菌性ペプチド**，リゾチームなど）。

③ 気道

気道は外界の空気を取り入れる部位で，空気とともに細菌やウイルス，その他の微粒子が侵入しやすい。そのため鼻毛や気管・気管支の繊毛などによって体内に侵入しようとする異物をとらえ，繊毛運動や咳・くしゃみによって体外へ排出している。

④ 消化管

消化管では，通常胃酸や消化液が強い殺菌作用を持っているが，病原体などが飲食物とともに侵入した場合は生き残りやすい。また手術で胃を切除したり，胃酸・消化液の分泌が少ない人では感染する危険性が高まったりする。腸管の蠕動運動も粘膜に付着した病原体や異物の排除や排出に大きく関わっている。

2 免疫機能の成長と老化

免疫機能は出生後からとくに発達し,思春期に完成するといわれている。幼少期に何が「自己」で,何が「非自己」であるかを学習することで,その機能がより高まる。また免疫機能は**加齢**に伴い低下し,**ストレス**が多い場合は,その低下が著しくみられる(図9-1)。

加齢
ストレス

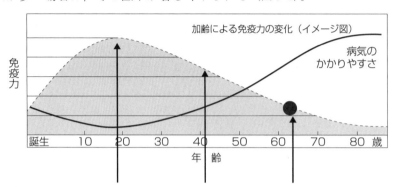

● 図9-1 ● 加齢に伴う免疫機能の変化と病気のかかりやすさとの関連
出典:上野川修一『からだと免疫のしくみ』日本実業出版社,1996年

3 免疫機能と運動

(1) 免疫機能と運動との関連

運動を習慣的に行っている者の方がガンなどの発生頻度が低いことや健康づくりやレクリエーションの目的で運動に親しんでいる人の方が上気道感染の発生頻度が低いことなどが明らかにされている。しかし,アスリートなどの長時間高強度運動や高頻度での運動トレーニングの実践は免疫機能を著しく低下させることも報告されており,運動と免疫機能との関連は**Jカーブ**として示されている(図9-2)。

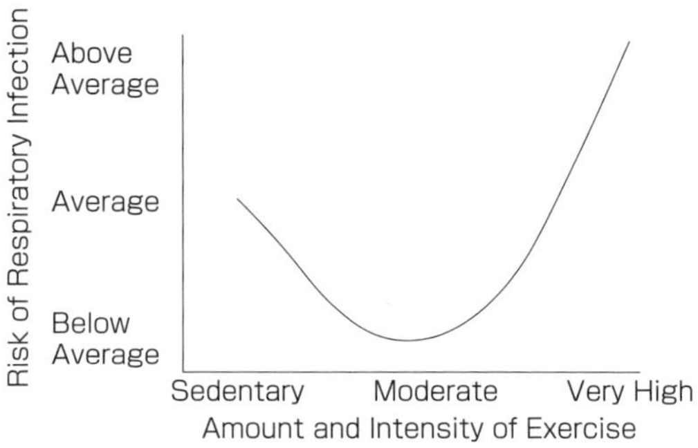

● 図9-2 ● 運動と感染リスクに関するJカーブ
出典:Nieman DC: Exercise, upper respiratory tract infection, and the immune system. *Med Sci Sports Exerc.* 26(2), 1994, pp. 128-139.

Jカーブ

(2) 一過性の運動に伴う免疫応答(白血球)

運動時に血中で最もよく変動する白血球はナチュラルキラー細胞(NK細胞)である。この変動は運動強度に依存し、適度な運動強度では免疫指標が一時的に上昇するが、その後は元に値に戻ることが確認され

白血球

NK細胞

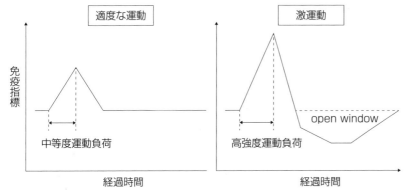

● 図9-3 ● 運動後に生じる一過性の免疫応答(オープンウィンドウ説)
出典:Nieman DC: Exercise, upper respiratory tract infection, and the immune system. *Med Sci Sports Exerc.* 26(2), 1994, pp. 128-139.

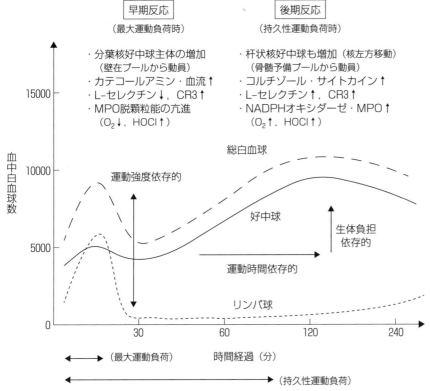

● 図9-4 ● 運動後に生じる血中白血球の変動と好中球の活性
出典:鈴木克彦「好中球と炎症性サイトカイン」『新運動生理学』真興交易医書出版部,2001年

ている。ところが高強度運動の場合は，運動中に免疫指標が著しく上昇するが，その後数時間にわたって運動前よりも免疫機能が低下した状態が続くとされており，**オープンウィンドウ説**として示されている（図9-3）。

　また，NK細胞以外にも運動によってリンパ球は一時的に増加するが，長時間高強度運動後には，これらの免疫機能が著しく低下することが報告されている。適度な運動強度の場合は，免疫機能の後期応答として，免疫機能が高まることが報告されている（図9-4）。

オープンウィンドウ説

（3）一過性の運動に伴う免疫応答（局所免疫）

局所免疫

　唾液中の**免疫グロブリンA**（IgA）は，口腔内免疫機能で中心的な役割を果たしており，細菌やウイルスなど異物の体内侵入を阻止し，口腔内感染症や上気道感染症の感染防御に働くと考えられている。さらに唾液IgAは加齢に伴い低下することから，局所免疫機能の指標として広く用いられている。唾液IgAは，一過性の中等度運動では変化は見られないが，一過性の高強度長時間運動に伴いその分泌が低下することが報告されている（図9-5）。

免疫グロブリンA

　唾液IgAと同様に，口腔内の健康状態に大きく関わっている局所免疫機能として**唾液抗菌性ペプチド**が挙げられる。

唾液抗菌性ペプチド

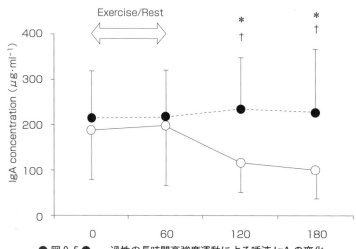

● 図9-5 ● 一過性の長時間高強度運動による唾液IgAの変化

（●安静時，○高強度運動）

出典：Usui T, Yoshikawa T, Orita K, Ueda S, Katsura Y, Fujimoto S "Changes in salivary antimicrobial peptides, immunoglobulin A and cortisol after prolonged strenuous exercise", *Eur J Appl Physiol*. 111, 2011, pp. 2005-2014.

抗菌性ペプチドとは，生体防御システムとして，近年その存在が注目され，それらは自然免疫系に属し，感染に対する第一線の防御機構として機能するだけでなく，自然免疫系に続く獲得免疫系を活性化させる働きを有していることが報告されている。とくに上気道感染の予防や口腔内の健康状態において重要な役割を担っているのが **Human-β-defensin-2**（HBD-2）であり，気道上皮細胞や唾液腺から分泌され，ウイルスや細菌などに対する抗菌活動に貢献していることが報告されている。抗菌性ペプチドと運動に関するこれまでの報告では，一過性の中等

Human-β-defensin-2

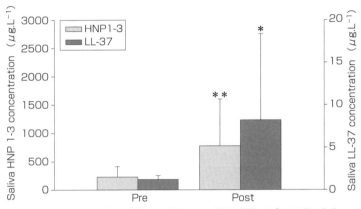

● 図9-6 ● 一過性の中等度運動による唾液抗菌性ペプチド群の変化
出典：Davison G, Allgrove J, Gleeson M, "Salivary antimicrobial peptides (LL-37and alpha-defensins HNP1-3), antimicrobial and IgA responses to prolonged exercise" *Eur J Appl Physiol.* 106, 2009, pp. 277-84.

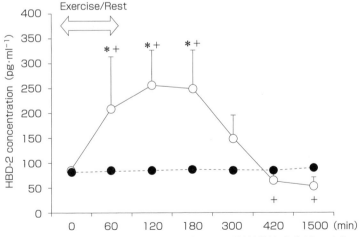

● 図9-7 ● 一過性の長時間高強度運動による唾液抗菌性ペプチドの変化
(●安静時，○高強度運動)
出典：Usui T, Yoshikawa T, Orita K, Ueda S, Katsura Y, Fujimoto S "Changes in salivary antimicrobial peptides, immunoglobulin A and cortisol after prolonged strenuous exercise", *Eur J Appl Physiol.* 111, 2011, pp. 2005-2014.

度長時間運動に伴い，唾液中の抗菌性ペプチド（LL-37, α-defensin）が有意に増加したこと（図9-6），また一過性の長時間高強度運動に伴い唾液抗菌性ペプチド（HBD-2）の発現が翌日に低下することなどが明らかにされている（図9-7）。

（4）運動の継続と免疫機能への影響

健康増進のための運動としては，中等度の強度，すなわち最大酸素摂取量の50〜60％ないし無酸素性作業閾値程度の有酸素性運動で，1日20〜60分までを週3〜5回以上の頻度で長期間継続することが推奨されている。免疫学的観点からも，高強度運動では一時的にせよオープンウィンドウの状態が生じ，感染症へのリスクが高まる。一方，免疫機能の低下を起こさず活性化のみ生じる中等度の運動強度は安全に有効性も期待できる。適度な運動の長期的な影響としては，上気道感染症の発症頻度の減少やNK細胞活性，唾液IgAの上昇など報告されている（図9-8）。また，口腔内の健康と関連が強い抗菌性ペプチド群においても，中等度強度での継続的な運動の実践は，その値と唾液の抗菌活性を高めることが報告されている（図9-9）。このように適度な運動は免疫機能を活性化する可能性が高く，習慣的な運動は感染症やがんの予防に有効と

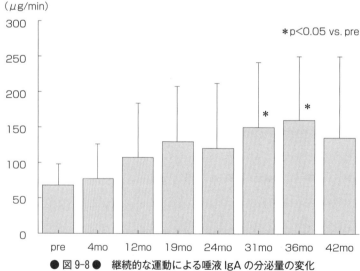

● 図9-8 ● 継続的な運動による唾液IgAの分泌量の変化

出典：Akimoto T, Kumai Y, Akama T, Hayashi E, Murakami H, Soma R, Kuno S, Kono I, "Effects of 12 months of exercise training on salivary secretory IgA levels in elderly subjects" *Br J Sports Med*. 37. 2003, pp. 76-9.

する研究成果も蓄積されてきている。

　逆に激しい運動の継続やアスリートのオーバートレーニング状態は，安静時状態での免疫機能や唾液免疫成分の値を低下させることにつながる。持久性運動を行うマラソン選手などは唾液抗菌性ペプチド群の安静時の値が低く，さらに急性上気道感染症の罹患回数の増加や口腔内の虫歯菌増加に伴う口腔内の不健康状態を招くことが報告されている（図9-10，図9-11，図9-12）。

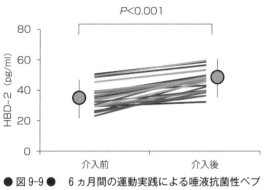

● 図 9-9 ●　6ヵ月間の運動実践による唾液抗菌性ペプチドの変化

出典：臼井達矢「運動ストレスに伴う口腔内免疫機能の低下と虫歯菌活性との関連」『デサントスポーツ科学』vol. 35, 2014年

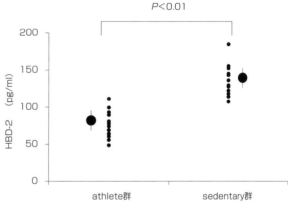

● 図 9-10 ●　高強度高頻度トレーニングをしているアスリートの唾液抗菌性ペプチド

出典：Usui T, Yoshikawa T, Orita K, Ueda S, Katsura Y, Fujimoto S "Comparison of salivary antimicrobial peptides and upper respiratory tract infections in elite marathon runners and sedentary subjects" J phys Fitness Sports Med. 1(1), 2012, pp. 175-181.

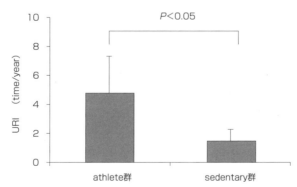

● 図 9-11 ●　高強度高頻度トレーニングをしているアスリートの年間の上気道感染の罹患回数

出典：Usui T, Yoshikawa T, Orita K, Ueda S, Katsura Y, Fujimoto S "Comparison of salivary antimicrobial peptides and upper respiratory tract infections in elite marathon runners and sedentary subjects" J phys Fitness Sports Med. 1(1), 2012, pp. 175-181.

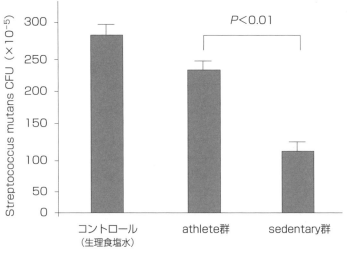

● 図9-12 ● 高強度高頻度トレーニングをしているアスリートの口腔内の虫歯菌数

出典：Usui T, Yoshikawa T, Orita K, Ueda S, Katsura Y, Fujimoto S "Comparison of salivary antimicrobial peptides and upper respiratory tract infections in elite marathon runners and sedentary subjects" *J phys Fitness Sports Med.* 1(1), 2012, pp. 175-181.

 ## 免疫機能と自律神経

　健康な人が病気になる原因は大きく分けて2つあり，1つは「免疫系」のトラブル，もう1つは「血管系」のトラブルである。そして，この両者とも自律神経の働きが深く関与している。免疫機能の主役は血液中の「白血球」であり，細菌など比較的大きめの異物を処理する「顆粒球」と，ウイルスなど小さな異物を処理する「リンパ球」などが存在する。自律神経の交感神経系が優位になると顆粒球が増加し，副交感神経系が優位になるとリンパ球が増加する。つまり自律神経のバランスが保たれていると白血球のバランスも保たれ，その働きがスムーズになるが，自律神経の働きが乱れると，白血球のバランスも乱れ，免疫機能が著しく低下する。交感神経系が過度に優位になると健康維持に必要な常在細菌まで殺してしまい，免疫機能の低下や様々な疾病の引き金となり，副交感神経系が過度に優位になると抗原に過敏に反応し，アレルギーを引き起こしやすくなる。（図9-13）

● 図9-13 ● 免疫機能と自律神経との関係

ストレスなど交感神経系が過多に働くと口腔内免疫低下（虫歯）や胃腸の機能低下などにつながる。
身体活動の低下に伴い副交感神経系が過多に働くとアレルギーなどにつながる。
どちらかに偏ることなく，バランスを保つことが免疫系の働きには重要である。

【参考文献】
1）上野川修一『からだと免疫のしくみ』 日本実業出版社, 1996年
2）Nieman DC: Exercise, upper respiratory tract infection, and the immune system. *Med Sci Sports Exerc*. 26(2), 1994, pp. 128-139.
3）鈴木克彦「好中球と炎症性サイトカイン」『新運動生理学』真興交易医書出版部, 2001年
4）Usui T, Yoshikawa T, Orita K, Ueda S, Katsura Y, Fujimoto S "Changes in salivary antimicrobial peptides, immunoglobulin A and cortisol after prolonged strenuous exercise", *Eur J Appl Physiol*. 111, 2011, pp. 2005-2014.
5）Davison G, Allgrove J, Gleeson M, "Salivary antimicrobial peptides (LL-37and alpha-defensins HNP1-3), antimicrobial and IgA responses to prolonged exercise" *Eur J Appl Physiol*. 106, 2009, pp. 277-84.
6）Akimoto T, Kumai Y, Akama T, Hayashi E, Murakami H, Soma R, Kuno S, Kono I, "Effects of 12 months of exercise training on salivary secretory IgA levels in elderly subjects" *Br J Sports Med*. 37. 2003, pp. 76-9.
7）臼井達矢「運動ストレスに伴う口腔内免疫機能の低下と虫歯菌活性との関連」『デサントスポーツ科学』Vol. 35, 2014年
8）Usui T, Yoshikawa T, Orita K, Ueda S, Katsura Y, Fujimoto S "Comparison of salivary antimicrobial peptides and upper respiratory tract infections in elite marathon runners and sedentary subjects" *J phys Fitness Sports Med*. 1(1), 2012, pp. 175-181.

まとめ

1 免疫とは，生体を防御するシステムであり，自然免疫系と獲得免疫系から構成されている。

2 自然免疫系とは，感染防御の第一線として機能する。

3 獲得免疫系とは，作用するのにやや時間はかかるが，より強い感染防御機能として作用する。

4 免疫機能は出生後から発達し思春期に完成する。成人以降は加齢に伴い免疫機能は低下し，とくにストレスに伴い，著しく低下を示す。

5 運動と免疫との関連は，Jカーブとして示され，適度な運動の実践は免疫機能を高め感染症への罹患を軽減させるが，運動不足や高強度・高頻度の運動実践は免疫機能を低下させ，易感染状態を招く。

6 一過性の長時間高強度運動に伴い，白血球のNK細胞や局所免疫として機能する唾液IgA，唾液抗菌性ペプチド群などが低下する。

7 適度な運動の継続は免疫機能を高めるが，アスリートなどの長時間高強度，高頻度のトレーニングはオーバートレーニング状態を引き起こし，免疫機能を著しく低下させる。さらにその低下に伴い，上気道感染症への罹患や口腔内の健康状態の悪化を引き起こす。

第10章 内分泌系とスポーツ

1 内分泌系の構造

内分泌（**ホルモン**）とは「特定の臓器で生成され，血流を介して標的細胞（臓器または器官）に到達し，作用する細胞間の情報伝達物質」である。ホルモンが標的細胞に到達し，その細胞が到達したホルモンに対応する**受容体（レセプター）**を有していれば，各ホルモン特有の生理的反応を引き起こす。つまり，ホルモンとそのホルモンが結合できる受容体のペアは決まっており，両者は鍵（ホルモン）と鍵穴（受容体）のような関係にある（図10-1）。到達したホルモンに対応する受容体を有していない細胞では，そのホルモン特有の生理的反応は起こらない。

ホルモン

受容体（レセプター）

● 図10-1 ● ホルモンと受容体との関係

2 ホルモンの分類

ホルモンの種類は多く，分泌する臓器や役割も様々である（図10-2）。ホルモンはその化学構造からペプチドホルモン，ステロイドホルモン，アミン・アミノ酸誘導体の3つに分類される。

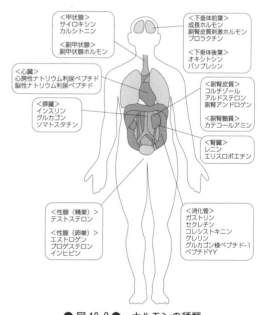

● 図10-2 ● ホルモンの種類

3 ホルモンによる代謝調節

ヒトは糖質や脂質を主なエネルギー源として，生命活動を維持している。糖・脂質代謝における調節系としての内分泌（ホルモン）の役割について述べる。

(1) 糖質代謝

糖（グルコース）は生体にとって最も重要なエネルギー源である。生命維持の中心的・指導的な役割を担う脳のエネルギー源は糖質である。血液中のグルコース濃度（血糖値）は，**インスリン**や**グルカゴン**といったホルモンによって，一定の範囲内で保たれている。食後，過剰に血糖値が上昇すれば，膵臓のランゲルハンス島からインスリンが分泌され，全身の細胞に糖が取り込まれる（血糖低下）。一方，糖が体内で不足すると，グルカゴンをはじめとするインスリン拮抗ホルモン（表10-1）が肝臓からの糖放出を促進する（血糖上昇）。大変興味深いことに，血糖上昇に作用するホルモンはたくさんあるが，低下させるホルモンはインスリンのみである。生体が生命活動を維持する上で，低血糖は致命的な現象である。したがって，低血糖を予防するためには，血糖を上昇させる調節系を生体内にいくつも備える必要があるため，血糖上昇に作用するホルモンは多数存在すると考えられている。

インスリン
グルカゴン

● 表10-1 ● 糖代謝に関与するホルモン

血糖を上げるホルモン
（インスリン拮抗ホルモン）

ホルモン名	分泌器官
グルカゴン	膵臓
カテコールアミン	副腎髄質
コルチゾール	副腎皮質
成長ホルモン	下垂体前葉

血糖を下げるホルモン

ホルモン名	分泌器官
インスリン	膵臓

(2) 脂質代謝

脂質も糖質と同様に，生命維持に必要不可欠なエネルギー源である。脂質は肝臓や脂肪細胞にトリグリセリドとして蓄えられている。エネルギー不足に応じて，リパーゼによりグリセロールと遊離脂肪酸（free fatty acid：FFA）に分解される。グリセロールは主に肝臓に取り込まれ，糖新生によりグルコースに変換されて，エネルギーを生み出す。FFAは筋をはじめとする細胞内のミトコンドリア内でエネルギーとして利用

される。**カテコールアミン**，**コルチゾール**，**成長ホルモン**等は，トリグリセリドの分解にかかわるリパーゼの活性を促す働きがある（図10-3）。

カテコールアミン
コルチゾール
成長ホルモン

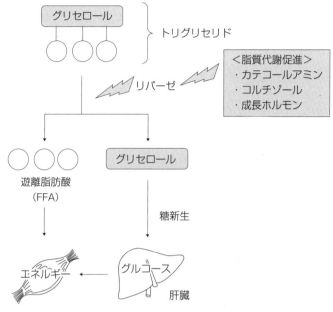

● 図10-3 ● 脂質代謝に関与するホルモン

4 ホルモンと成長・老化

　その名の通り，成長促進に作用する代表的なホルモンとして成長ホルモンがあげられる。成長ホルモンは，下垂体前葉から分泌され，肝臓を刺激し，**インスリン様成長因子-1**（insulin-like growth factor：**IGF-1**）の産生を促す。成長ホルモンとIGF-1は協力して，骨の成長や筋肉の合成に働きかける。成長ホルモンは生後，十分量存在し，その後も徐々に増加して，思春期には一段と上昇する。成長ホルモンの分泌量は一定ではなく，運動，低血糖，睡眠で分泌が促進する。したがって，子どもの成長を促すためにもよく遊び，血糖を下げてお腹を空かし，たくさん食べてよく寝ることが成長ホルモンの分泌促進につながる。

　一方，成長期が終わると成長ホルモンの分泌は加齢にともなって低下する。成長ホルモンの分泌低下と老化は，密接に関係しており，老化を遅らせるためにも適切な運動や睡眠を介して，成長ホルモンの分泌促進に努める必要がある。

インスリン様成長因子-1
（IGF-1）

5 ホルモンと運動

(1) カテコールアミン（アドレナリン・ノルアドレナリン）

カテコールアミン

運動は交感神経活動の亢進にともない，血中**ノルアドレナリン**濃度も増加させる。運動による血中ノルアドレナリン濃度の増加は，主に交感神経の節後線維から分泌されたものであるため，交感神経活動の指標とされている。一方，**アドレナリン**はノルアドレナリンに比べて，血中濃度が極めて低い。

ノルアドレナリン

アドレナリン

運動強度を漸増させていくと，ノルアドレナリンは約50% $\dot{V}O_2max$ から増加し，アドレナリンは約75% $\dot{V}O_2max$ から増加する（図10-4）。増加したカテコールアミンは，肝臓や筋でのグリコーゲンを分解し，血

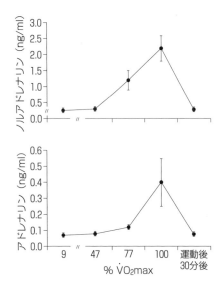

● 図10-4 ● 運動中のカテコールアミンの変化

出典：Galbo H, Holst JJ, Christensen NJ., "Glucagon and plasma catecholamine responses to graded and prolonged exercise in man", *J Appl Physiol.*, 38(1), 1975 Jan, pp. 70-6.

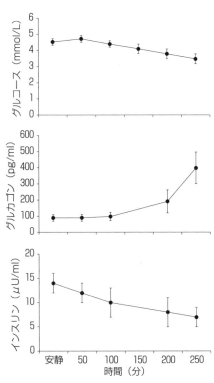

● 図10-5 ● 運動中のグルコース，グルカゴン，インスリンの変化

出典：Felig P, Wahren J., "Fuel homeostasis in exercise", *N Engl J Med.*, 293(21), 1975 Nov 20; pp. 1078-84.

中にグルコースを放出させる。運動によるカテコールアミンの増加は，運動中止 30 分後には速やかに安静の値に戻る。

（2） インスリンとグルカゴン

運動時，筋での糖取り込みが増加すると，低血糖を防ぐためにインスリンが低下する（図 10-5）。同時に，グルカゴンが上昇して肝臓でのグリコーゲン分解や糖新生を促す（図 10-5）。したがって，血糖値の変化がインスリンやグルカゴンの増減に関与している。肝臓のグリコーゲンが枯渇すると，グルコースの放出量が減少し，血中グルコース濃度も低下していく（図 10-5）。

また，運動トレーニングによって，安静時のインスリンは低下する（図 10-6）。これは，末梢組織での**インスリン感受性**の向上（インスリンの効きが良くなる）によるものであり，運動が糖尿病の予防・治療に有効な理由の 1 つでもある。

インスリン感受性

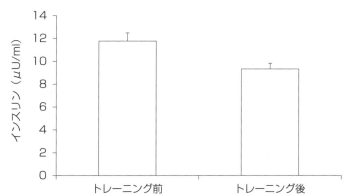

● 図 10-6 ● 運動トレーニングによる安静時インスリンの変化
出典：Ueda SY, Miyamoto T, Nakahara H, Shishido T, Usui T, Katsura Y, Yoshikawa T, Fujimoto S., "Effects of exercise training on gut hormone levels after a single bout of exercise in middle-aged Japanese women", *Springerplus.* 2(1), 2013 Dec, p. 83.

（3） コルチゾール

コルチゾールは運動に関わらず，様々なストレスによって上昇する。また，肝臓でのグリコーゲン合成や脂肪細胞での脂肪分解の促進，血糖値の上昇，炎症やアレルギー症状の緩和等，様々な作用をもっている。60% $\dot{V}O_2max$ のような中等度運動では変化しないが，75% $\dot{V}O_2max$ を超えるような激しい運動では増加する（図 10-7）。また，運動選手は非

鍛錬者に比べて，同等の相対強度にもかかわらず，分泌が亢進する（図10-7）。

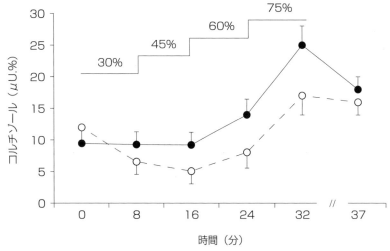

● 図10-7 ● 漸増運動負荷中のコルチゾールの変化
（●運動選手，○非鍛錬者）
出典：Bloom SR, Johnson RH, Park DM, Rennie MJ, Sulaiman WR., "Differences in the metabolic and hormonal response to exercise between racing cyclists and untrained individuals", *J Physiol*, 258(1), 1976 Jun, pp. 1-18.

（4） 成長ホルモン

運動は成長ホルモンの分泌を促し，骨や筋の合成に関与する。睡眠も成長ホルモンの分泌を促すが，激運動に比べると，その程度は小さい

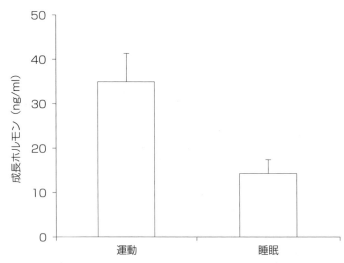

● 図10-8 ● 運動時と睡眠時の成長ホルモンの比較
出典：Sutton J, Lazarus L., "Growth hormone in exercise: comparison of physiological and pharmacological stimuli", *J Appl Physiol*. 41(4), 1976 Oct, pp. 523-7.

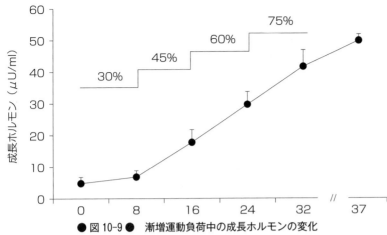

● 図10-9 ● 漸増運動負荷中の成長ホルモンの変化

出典：Bloom SR, Johnson RH, Park DM, Rennie MJ, Sulaiman WR., "Differences in the metabolic and hormonal response to exercise between racing cyclists and untrained individuals", *J Physiol*, 258(1), 1976 Jun, pp. 1-18.

（図10-8）。運動強度の増加にともない，成長ホルモンも増加し，運動による成長ホルモンの増加量は安静時の約10倍程度に達する（図10-9）。

【参考文献】
1) Galbo H, Holst JJ, Christensen NJ., "Glucagon and plasma catecholamine responses to graded and prolonged exercise in man", *J Appl Physiol.*, 38(1), 1975 Jan, pp. 70-6.
2) Felig P, Wahren J., "Fuel homeostasis in exercise", *N Engl J Med.*, 293(21), 1975 Nov 20; pp. 1078-84.
3) Ueda SY, Miyamoto T, Nakahara H, Shishido T, Usui T, Katsura Y, Yoshikawa T, Fujimoto S., "Effects of exercise training on gut hormone levels after a single bout of exercise in middle-aged Japanese women", *Springerplus*, 2(1), 2013 Dec, p. 83.
4) Bloom SR, Johnson RH, Park DM, Rennie MJ, Sulaiman WR., "Differences in the metabolic and hormonal response to exercise between racing cyclists and untrained individuals", *J Physiol*, 258(1), 1976 Jun, pp. 1-18.
5) Sutton J, Lazarus L., "Growth hormone in exercise: comparison of physiological and pharmacological stimuli", *J Appl Physiol.* 41(4), 1976 Oct, pp. 523-7.

まとめ

1 内分泌（ホルモン）とは，特定の臓器で生成される情報伝達物質である。
2 ホルモンとそのホルモンが結合できる受容体のペアは決まっている。
3 血液中のグルコース濃度は，インスリンやグルカゴンといったホルモンによって，一定の範囲内で保たれている。
4 カテコールアミン，コルチゾール，成長ホルモン等は，トリグリセリドの分解にかかわるリパーゼの活性を促す働きがある。
5 成長促進に作用する代表的なホルモンとして成長ホルモンがあげられ，成長ホルモンは，下垂体前葉から分泌され，肝臓を刺激し，IGF-1の産生を促す。
6 運動時，カテコールアミン，コルチゾール，成長ホルモンの血中濃度は増加する。
7 運動時，筋での糖取り込みが増加すると，低血糖を防ぐためにインスリンが低下し，グルカゴンが上昇して肝臓でのグリコーゲン分解や糖新生を促す。
8 運動トレーニングによって，安静時のインスリンは低下し，末梢組織でのインスリン感受性が向上する。
9 運動によって増加したカテコールアミンは，肝臓や筋でのグリコーゲンを分解し，血中にグルコースを放出させる。

第11章
肥満とスポーツ

1 肥満，肥満症とは

　肥満とは「脂肪組織が過剰に蓄積した状態であり，BMI が 25.0 kg/m^2 以上の者」と定義されている[1]。我が国における肥満者（BMI が 25.0 kg/m^2 以上を示す者）の割合推移をみると，男性では年ごとの増減はあるものの全ての年代層で増加傾向にあり，今後の更なる増加が懸念されている。一方，女性では若年者において横ばいの傾向がみられ，40 代から 70 代にかけては近年減少傾向にある[2]（図 11-1）。

　肥満の中でも，健康障害を有している者あるいは合併症の発生が高い

肥満

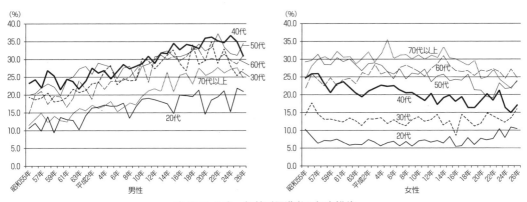

● 図 11-1 ●　年齢別肥満者の年次推移
出典：厚生労働省「平成 26 年国民健康・栄養調査」より著者作成

● 表 11-1 ●

肥満症定義
肥満（BMI ≧ 25.0 kg/m^2）と診断されたもののうち，以下のいずれかの条件を満たす場合，肥満症と診断し，疾患単位として取り扱う。
1. 肥満に起因ないし関連する健康障害を有するか，あるいは，健康障害の合併が予測される場合で，減量を要するもの（減量により改善する，または進展が防止されるもの）。
2. ウエスト周囲長によるスクリーニングで内臓脂肪蓄積を疑われ，腹部 CT 検査によって確定診断された内臓脂肪型肥満。この場合，健康障害を伴いやすい高リスク肥満と位置付ける。

出典：日本肥満学会編『肥満症診療ガイドライン 2016』ライフサイエンス出版，2016 年，pp. 4-5

確率で予測され医学的に減量が必要とする状態を**肥満症**[1]（表11-1）と　　肥満症
よんでおり，単なる肥満とは区別し，疾患の一つとして捉えられている。

　肥満の判定基準

（1）体格による評価

　肥満の判定方法の一つとして，体重（kg）を身長（m）の2乗で割った **BMI**（body mass index）があり，学校や職場，地域の健診等で広く用いられている。またBMIは海外でも広く使われており国際的にも認められている評価方法である。我が国では，BMI＜18.5 kg/m^2 を「低体重」，18.5 kg/m^2 ≦ BMI＜25.0 kg/m^2 を「普通体重」，BMI ≧ 25.0 kg/m^2 を「肥満」としている（表11-2）。　　BMI

　また，標準体重からの差を用いて体格を評価する**肥満度**も用いられている。日本人の男女を対象とした調査によって，男性ではBMIが22.2 kg/m^2，女性ではBMIが21.9 kg/m^2 で疾病への罹患率が最も低くなることが示されていることから[3]，BMIが22.0 kg/m^2 に相当する体重を標準体重として捉え，その体重と実際の体重との差（％）を肥満度としている。具体的には以下の式で求められる。　　肥満度

```
標準体重（kg）＝身長（m）$^2$×22
肥満度（％）＝（本人の体重－標準体重）/標準体重×100
```

　肥満度を用いた体格の判定基準は，表11-3に示すとおりとなっている。

●表11-2● BMIによる形態の判定基準

判定	BMI（kg/m^2）
低体重	＜18.5
正常	18.5≦～＜25.0
肥満（1度）	25.0≦～＜30.0
肥満（2度）	30.0≦～＜35.0
肥満（3度）	35.0≦～＜40.0
肥満（4度）	40.0≦

●表11-3● 肥満度による形態の判定基準

判定	肥満度
低体重	－10％未満
普通体重	－10％以上 ＋10％未満
やや肥満	＋10％以上 ＋20％未満
肥満	＋20％以上

(2) 体脂肪率の評価がなぜ必要か？

BMIや肥満度は，身長や体重をもとに算出する指標であり，身体を構成する**体成分**（体脂肪量，筋肉量，骨量など）については考慮されていない。そのため，たとえば筋肉量が多く体脂肪量が少ないアスリートでは，BMIが25.0 kg/m²を越えることも珍しくないが（筋組織は水分も多く含むため，筋肉量が増えると体重増加も伴う），当然ながらこのような選手は肥満ではない。逆に，BMIが標準体重の範囲内でありながら，筋肉量が少なく身体に体脂肪が多く蓄積しているいわゆる**隠れ肥満**については，BMIだけで判断すると肥満ではないということになってしまう。このようにBMIや肥満度は算出が簡便である半面，体成分を考慮していないデメリットを有していることから，正確な肥満の判定には**体脂肪率**の評価が必要である。

体成分

隠れ肥満

体脂肪率

(3) 体脂肪率の測定方法

体脂肪率の測定方法として，一般的に用いられているのは，身体に微弱電流を流した際の電気抵抗値から体脂肪率を求める**インピーダンス法**である。インピーダンス法を用いた測定器は，測定が簡便で安価であることから一般家庭用の測定器としても広く普及している。しかし，インピーダンス法は測定が簡便である半面，体水分量や体温など測定時の身体の条件により値が変動しやすい特性も有している。そのため，安定した測定結果を導くには，同じ機器を使用し毎回の測定条件をできるだけ一定にすることが望ましい。

インピーダンス法

精度の高い体脂肪率の測定方法として，二重エネルギーX線吸収法（DEXA法）や水中体重秤量法，空気置換法などもあるが，高額で大がかりな測定装置が必要であることから，これらの測定は医療機関や研究機関に限られている。

(4) 体脂肪率を用いた肥満の判定基準

体脂肪率による肥満の判定基準については，年齢によっても変わってくるため世界的なゴールドスタンダードとなっている基準値はないものの，

● 表11-4 ● 体脂肪率による肥満の判定

判定		軽度肥満	中等度肥満	重度肥満
男性（全年齢）		20%以上	25%以上	30%以上
女性	6〜14歳	25%以上	30%以上	35%以上
	15歳以上	30%以上	35%以上	40%以上

出典：日本肥満学会編『肥満・肥満症の指導マニュアル』医歯薬出版，2001年，p.5

日本においては男性では25％以上，女性では30％以上で肥満と評価されることが多い（表11-4）。

（5）体脂肪分布

皮下に脂肪が多く蓄積しているタイプを**皮下脂肪型肥満**，腹腔内部の内臓周辺に脂肪が多く蓄積しているタイプを**内臓脂肪型肥満**とよび（図11-2），内臓脂肪型肥満の方が，**生活習慣病**と強く関係していることが分かっている。

皮下脂肪型肥満
内臓脂肪型肥満
生活習慣病

一般的に男性には内臓脂肪型の肥満が多く，女性には皮下脂肪型の肥満が多い。女性において皮下脂肪が蓄積しやすいのは，女性ホルモンであるエストロゲンの働きによるものであり，妊娠，出産，授乳に備えるための機能と考えられている。一方で，閉経をむかえると女性ホルモンの分泌量は減少するため，女性でも内臓脂肪が蓄積しやすくなる[6]。

内臓脂肪の蓄積具合を評価する方法として，**ウエスト・ヒップ比**が広く用いられている。これはウエストの周囲径をヒップの周囲径で割った

ウエスト・ヒップ比

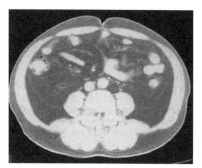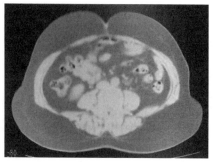

● 図11-2 ● 腹部CT画像（左：内臓脂肪型肥満，右：皮下脂肪型肥満）
出典：曽根博仁ほか「内臓脂肪型肥満と皮下脂肪型肥満」『体育の科学』55(3)，2005年，p.206

値であり，この値が大きくなるほど内臓脂肪の蓄積量も多いことが示されている[7]。内臓脂肪の蓄積は，様々な生活習慣病の発症と関わっていることから，ウエストの周囲径は**メタボリックシンドローム**の重要な評価基準にもなっている。CT法やMRIといった医療機器を用いて正確に内臓脂肪の蓄積量を測定する方法もあるが，高価な機械のため測定できる場所は限られている。

メタボリック
シンドローム

3 脂肪細胞の働きと機能

(1) 脂肪組織は脂肪細胞の集合体

　体脂肪は全身に分布しており，様々な役割を担っている。体脂肪が必要に応じて全身にエネルギーを供給するエネルギーの貯蔵庫であることはよく知られており，また，皮膚の直ぐ下に蓄積している皮下脂肪の層は，身体を外力から守るクッションの役目も果たしている。さらに，脂肪は熱を通しにくい組織でもあることから保温作用も有している。

　脂肪組織は**脂肪細胞**の集まりであり，脂肪細胞は運動や代謝で消費しきれなかった脂質を**中性脂肪**として貯蔵する。脂肪細胞はエネルギーとなる中性脂肪を溜め込むことでサイズが大きくなるため，肥満は脂肪細胞の数が増殖した結果ではなく，脂肪細胞そのものが大きくなった結果である。近年の研究から，脂肪細胞の生理的な働きは，単にエネルギーを貯蔵し必要に応じて供給するだけでなく，様々な物質を分泌しながら体内の代謝機能に深く関わっていることが明らかにされている。

脂肪細胞

中性脂肪

(2) アディポサイトカイン

　脂肪細胞から分泌される生理活性物質の総称を**アディポサイトカイン**とよび，代表的なものとして，レプチン，アディポネクチン，レジスチン，PAI-1，TNF-αなどがあげられる[8]（図11-3）。肥満（とくに内臓脂肪型肥満）の進行とともに糖尿病，高血圧，高脂血症などの生活習慣病が発症することはかなり前から知られていたが，その発症のメカニズムまではよく分かっていなかった。近年の研究によって，肥満（脂肪細胞の肥大化）によりアディポサイトカインの分泌異常が起こり生活習慣病の発症につながることが明らかにされ，また，食事療法や運動療法によって体脂肪量が減少（脂肪細胞のサイズの適正化）すると分泌異常も改善されることなどが分かってきた。しかし，アディポサイトカインの分泌調整のメカニズムについてはまだ分からない点も多く，今後の研究成果が待たれるところである。

アディポサイトカイン

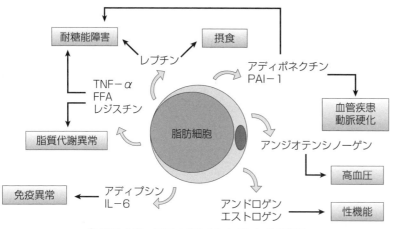

● 図11-3 ● アディポサイトカインとその作用
出典：西田誠ほか「体脂肪：蓄える機能，分泌する機能」『臨床スポーツ医学』21(7)，2004，p.762

肥満に対する運動効果

(1) 運動の減量効果を過大評価してはいけない

　日々の生活における身体活動量と肥満は関係しており，1日の座位時間が長いほど，また余暇の身体活動量が少ないほど肥満になるリスクは高まることが示されている[9]（図11-4）。しかし，肥満は日頃の身体活動量だけでなく，食習慣の影響も受けることから，食事と運動の両方からアプローチしなければ肥満の改善は難しい。

　肥満の改善において運動の実践が重要であることは間違いないが，運動によって多くのエネルギーを消費することは難しく，減量効果について

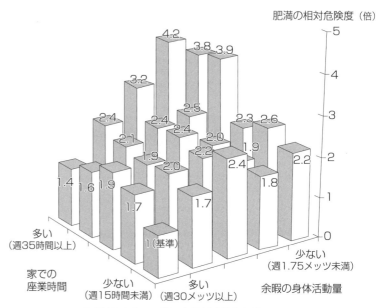

● 図11-4 ● 日常の身体活動量と肥満のリスク
出典：鵤木秀夫編『健康づくりのための運動の科学』化学同人，2013年，p.32

みれば食事制限のインパクトの方が大きい。たとえば体重60 kgの場合，1時間のウォーキングでもエネルギーの消費量は190 kcal程度にしかならず，これはおにぎり1個分くらいのエネルギー量である。3食トータルの食事量からおにぎり1個分のエネルギーを減らすのか，それとも1日1時間歩くのか，これから減量しようとする者（運動習慣が身に付いていない者も多いと考えられる）にとって継続するのはどちらが大変か考えてみると分かりやすいのではないだろうか。

（2）減量における運動実践の意義

減量に取り組む際に減らすべきものは余分な脂肪であり，筋肉や骨などの除脂肪量はできるだけ維持することが重要である。減量時の運動に期待できる効果として除脂肪量の維持があげられる。食事制限のみで減量を行うと体脂肪量の減少に加えて除脂肪量の減少も伴うが，運動を取り入れることにより除脂肪量の減少は抑制することが可能となる[10]（図11-5）。エネルギーバランスのコントロールは主に食事（摂取エネルギー量）からのアプローチを行い，あわせて運動も実践することで，体脂肪の選択的な減少が可能となる。

また，運動には食欲を調節する役割もある。古典的な研究であるが，座業中心であまり動いていない勤労者は軽作業をしている勤労者に比べて摂取エネルギーが多くなる（その結果として体重も重くなる）[7]ことが示されている。近年の研究では，肥満者の摂取エネルギー量は，安静を保った場合よりも適度な運動を実施した方が抑制されること，その要因として食欲を調節する消化管ホルモンの分泌が関わっていることも示されている[11]。

肥満者の減量を考える場合，除脂肪量の維持に加えて食欲の調節という観点からも運動を取り入れていく必要があると考えられる。

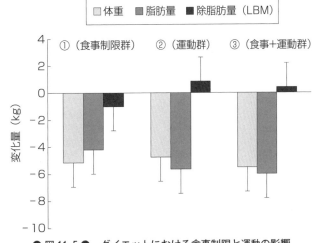

● 図11-5 ● ダイエットにおける食事制限と運動の影響
出典：征矢英昭ほか編『これでなっとく使えるスポーツサイエンス』講談社，2003年，p.111

(3) 減量に効果的な運動プログラムは？

　減量に取り組む上で，運動の主目的は消費エネルギー量の確保ではないが，せっかく運動をするのであれば，効率よく体重の減少に繋げたいと考えるのは運動する当事者であればなおさらであろう。肥満者に対する運動プログラムとしては，運動中の脂肪利用を促進させるために，従来から低強度の有酸素運動を継続して行うことが推奨されてきた。しかし，最近の研究から，トータルの運動時間が同じであれば，分割して運動を実施しても脂質の利用は高まることが報告されている[12]。図11-6は60% $\dot{V}O_2max$ の運動を30分間継続して行った場合と，10分間ずつに分けて3セット（セット間のインターバルは10分間）行った場合の運動後の脂質利用率を示したものである。運動後の脂質の利用比率は，3回に分けて運動を実施した方が，高くなっている。脂質代謝の亢進に運動の実施が有効であることは間違いないが，運動の継続が必ずしも必要ではないことを示唆する結果である。また，過去には減量効果があまり期待されていなかった高強度の短時間インターバル運動でも，最近では心肺持久力の向上に加えて減量効果もみられることが報告されている[13]。

　現時点で減量に最も効果的な運動プログラムを示すことは難しいが，単に低強度で長時間の運動だけにこだわる必要はなさそうである。しか

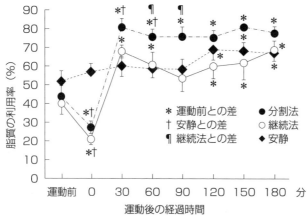

● 図11-6 ● 有酸素運動の継続時間の違いと運動後の脂質利用率
出典：Goto K. et al., "A single versus multiple bouts of moderate-intensity exercise for fat metabolism" *Clin Physiol Funct Imaging*. 31, 2011, pp. 215-220.（著者改変）

し，どのような運動を実施するにしても，運動実施者の安全面への配慮が最優先されることは忘れてはならない。

【参考文献】
1) 日本肥満学会編『肥満症診療ガイドライン2016』ライフサイエンス出版，2016年，pp. 4-5
2) 厚生労働省「平成26年国民健康・栄養調査」
3) Tokunaga K. *et al.*, "Ideal body weight estimated from the body mass index with the lowest morbidity", 15, *Inter J Obes.* 1991, pp. 1-5.
4) 日本肥満学会編『肥満・肥満症の指導マニュアル』医歯薬出版，2001年，p. 5
5) 曽根博仁ほか「内臓脂肪型肥満と皮下脂肪型肥満」『体育の科学』55(3)，2005年，p. 206
6) 門脇 孝『あなたがメタボになる理由』PHP研究所，2008年，pp. 68-70
7) 安部 孝・琉子友男編『これからの健康とスポーツの科学[第4版]』講談社，2015年，p. 53
8) 西田誠ほか「体脂肪：蓄える機能，分泌する機能」『臨床スポーツ医学』21(7)，2004，pp. 759-765
9) 鴻木秀夫編『健康づくりのための運動の科学』化学同人，2013年，p. 32
10) 征矢英昭ほか編『これでなっとく使えるスポーツサイエンス』講談社，2003年，p. 111
11) 上田真也ほか「肥満者における一過性の中等度運動が消化管ホルモンの分泌と食事摂取量に及ぼす影響」『肥満研究』15，2009年，pp. 69-79
12) Goto K. *et al.*, "A single versus multiple bouts of moderate-intensity exercise for fat metabolism" *Clin Physiol Funct Imaging.* 31, 2011, pp. 215-220.
13) Matsuo T. *et al.*, "Effect of aerobic exercise training followed by a low-calorie diet on metabolic syndrome risk factors in men", *Nutr Metab Cardiovasc Dis.* 2015, 25, pp. 832-838.

まとめ

1 肥満とは，脂肪組織が過剰に蓄積した状態であり，BMI が $25.0\,\mathrm{kg/m^2}$ 以上の者であると定義されている。

2 肥満の判定基準として，我が国では BMI や肥満度が広く用いられているが，BMI や肥満度には体成分が考慮されていないため，正確な肥満の判定には体脂肪率の測定が必要である。

3 体脂肪率の測定方法であるインピーダンス法は，測定が簡便である半面，体水分量や体温など測定時の身体の条件により値が変動しやすい特性も有しているため，毎回の測定条件をできるだけ一定にすることが望ましい。

4 一般的に男性には内臓脂肪型の肥満，女性には皮下脂肪型の肥満が多く，内臓脂肪型肥満の方が，生活習慣病と強く関係している。

5 脂肪細胞は単なるエネルギーの貯蔵庫ではなく，様々なアディポサイトカインを分泌して体内の代謝に深く関わっている。

6 運動によって多くのエネルギーを消費するのは困難であることから，運動の減量効果を過大評価してはいけない。

7 減量時における運動の効果として，除脂肪量の維持と食欲の調節が期待できる。

8 分割した運動による脂質代謝の亢進作用や，高強度の短時間インターバル運動による体重減少効果が認められており，減量に有効な新しい運動プログラムの構築が期待できる。

第12章
運動プログラムの理論

1 健康と体力

(1) 健康とは

「健康とは，病気でないとか，虚弱でないということではなく，肉体的にも，精神的にも，そして社会的にも，すべてが満たされた状態にあること」とWHOでは定義されている。わが国においては，2000年に「21世紀において日本に住む一人ひとりの健康を実現するための，新しい考え方による国民健康づくり運動」である「健康日本21」がスタートした。これは，少子高齢化や要介護高齢者の増加，生活習慣病の増大および医療費の増大などの社会的背景から，認知症や寝たきりにならないで生活できる期間（**健康寿命**）の延長，**生活の質**（Quality of Life：QOL）の向上を目的とし，すべての国民が健やかで心豊かに生活できる活力ある社会の実現を基本理念としている。

健康寿命
生活の質

(2) 体力とは

体力は体（からだ）と力（ちから）からできている熟語である。わが国における最も広義な体力は，「身体を動かす能力や人間が生きていくのに必要な能力全般」とされ，身体的要素だけでなく，精神的要素も含まれている。体力の身体的要素には，**行動体力**と**防衛体力**とがある。行動体力には形態（体格・体型・姿勢）と機能（筋力・敏捷性・瞬発力・持久性・平衡性・柔軟性）が含まれ，防衛体力には構造（器官・組織の構造）と機能（体温調節・免疫機能・適応能力）が含まれている。また，精神的要素にも行動体力と防衛体力とがあり，行動体力には意志や判断，意欲などが含まれ，防衛体力には精神的ストレスに対する抵抗力が含まれる（図12-1）。

行動体力
防衛体力

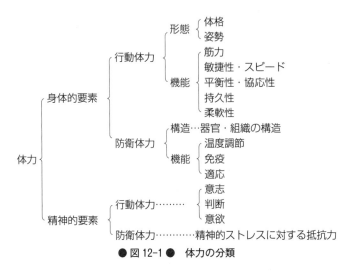

● 図 12-1 ● 体力の分類

（3）運動技能関連体力と健康関連体力

体力は，運動技能関連体力と健康関連体力の2つに分類することができる（図12-2）。運動技能関連体力の構成要素には，敏捷性，調整力，バランス，パワー，反応時間，スピードなどが含まれ，スポーツや運動技術能力に密接に関連している。**健康関連体力**の構成要素には，心肺持久力，筋力，筋持久力，柔軟性，身体組成が含まれ，日常生活において活発に活動できるという能力であり，運動不足による疾患の罹患率に関連する。

健康関連体力

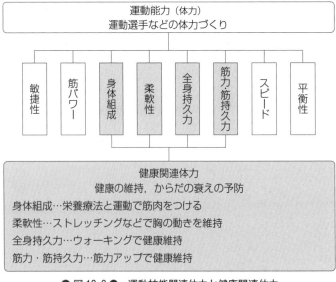

● 図 12-2 ● 運動技能関連体力と健康関連体力
出典：日本体力医学会体力科学編集委員会監訳『運動処方の指針』南江堂，2011年

2 体力測定

(1) 体力測定の目的

体力測定の目的は，①現在の健康関連体力の状態を，年齢や性別をもとにした基準値と比較し，相対的にどの程度であるかを把握する。②すべての体力要素を考慮して，運動プログラム作成のためのデータとして活用する。③運動プログラムの有効性や評価のために，運動プログラム前後のデータを収集する。④運動実施者の動機づけにつながる。⑤生活習慣病や運動器疾患などのリスクの把握に活用する。さらに体力測定の実施にあたり，測定の意義や目的，注意事項などの説明を行い，測定に関しては，十分に理解してもらい，安全に測定を行うことが最優先である。

(2) 体力測定の手順と環境[3]

体力測定は個人や集団の体力を総合的に評価するものであり，得られたデータは，その後，資料として用いられるため，その測定は適性かつ妥当性や信頼性の高いものでなくてはならない。そうしたことからも体力測定を行う手順や環境は，測定結果の妥当性や信頼性確保のためにも極めて重要である。多くの体力測定を同時に連続して行う場合には，評価する体力要素を考慮してテストの順番を調整する必要がある。安静時の心拍数，血圧，身長，体重，体組成などの測定を最初に行う。すべての健康関連体力要素を順次測定する場合は，安静時測定の次に，心肺持久力，筋力および柔軟性の順序で測定を行うべきである。心拍数が上昇するような測定後に，心拍数を利用した有酸素能力を推定するような測定を行うと，不正確な結果を生み出すことになる。測定を行う環境は，測定に対する不安を最小限にするためにも，測定方法について十分説明し，測定環境を静寂にし，プライベートなことにも配慮すべきである。また，測定員の言動は，被検者をリラックスさせ，安心させる要因の1つであり，慌てて実施してはいけない。このような些細なこととも思え

る配慮は，測定の遂行を容易にし，正確で信頼性の高い測定結果を得るのに重要である。

(3) 健康関連体力の測定

1 全身持久力

強度の高い身体運動を持続する能力を全身持久力という。全身持久力は最大酸素摂取量と相関が高く，**最大酸素摂取量**の大きい者ほど，全身持久力が高くなる（表12-1）。最大酸素摂取量を決定する因子としては，①肺のガス交換能力，②心臓のポンプ能力，③ヘモグロビン濃度，④筋での酸素拡散能力，⑤筋での酸素利用能力などが大きく関わっている。最大酸素摂取量が大きいということは，これらの能力が優れていることを意味し，健康面からみても，全身持久力は極めて重要な体力要素である。全身持久力が低いと，すべての疾患による死亡，とくに心血管系疾患による早期死亡のリスクが高まる。また，全身持久力の増加と多くの疾患の死亡率の減少が関連している。さらに全身持久力が高いと，日常生活における身体活動レベルも高く，健康状態を保つことが可能であるとされている。

最大酸素摂取量

● 表12-1 ● 固定式自転車で測定した最大酸素摂取量の年齢別基準値

単位 ml/kg/min	20-24歳	25-29歳	30-34歳	35-39歳	40-44歳	45-49歳	50-54歳	55-59歳	60-64歳	65-69歳	70-歳
男性	43.8	42.0	40.1	38.2	36.4	34.5	32.6	30.8	28.9	27.1	25.2
女性	34.3	33.0	31.8	30.5	29.2	27.9	26.6	25.4	24.1	22.8	21.5

出典：American College of Sports Medicine, *Acsm's Resource Manual for Guidelines for Exercise Testing and Prescription Fourth ed.* Lippincott Williams & Wilkins, 2006

一般に最大酸素摂取量の測定は，固定式の自転車やトレッドミルなどのエルゴメーターを用い，最大努力での運動中に人体から排出された呼気を分析する直接法によって測定される。しかし，時間的問題，人的問題，物理的問題などによって，最大酸素摂取量を直接測定できない場合には，直接法と高い相関をもつ間接法（推定法）を用いることがある。健康の維持増進を目的とする対象者の場合，最大運動負荷試験は安全性の面からも実用的でなく，間接法などの最大下運動負荷試験法が望ましいとされている。対象者の目的や特徴を考慮して，測定する必要がある（表12-2）。

● 表 12-2 ●　全身持久性体力の各種測定法の特徴

全身持久性体力の評価法	妥当性 正確に測定できるか	経済性 高価な機器や多額の経費を必要としない	安全性		簡便性 時間がかからず特別な技術を必要としない	その他
			最大努力を必要としない	危険でない		
直接法	◎	×	×	△	×	最も妥当な測定である
最大下運動中の$\dot{V}O_2$とHRを用いる方法	○	×	○	○	×	研究機関や医療機関でよく用いられる 必ずしも簡便ではない
最大下運動の仕事量とHRを用いる方法	△	△	○	○	○	健康増進センターやフィットネスクラブでよく用いられる HRの利用に付随する問題点が未解決である
多情報から推定する方法	○	△	○	○	△	妥当性を重視しすぎると測定が煩雑になる 予測変数の選択に注意する
主観的運動強度を用いる方法	(検討中) △	○	○	○	○	現在，完成に向けて多機関で開発中である 妥当性が確認できれば新しい方法として使える

出典：鈴木政登ほか「日本人の健康関連体力指標最大酸素摂取量の基準値」『デサントスポーツ科学』30, 2009年, pp. 3-14

② 筋力・筋持久力

　筋力とは，ある筋群が発揮した最大の張力のことである。筋力には，静的筋力と動的筋力とがある。静的筋力とは，関節を動かすことなく発揮される力のことであり，握力計や膝伸展筋力計などの用具を用いて測

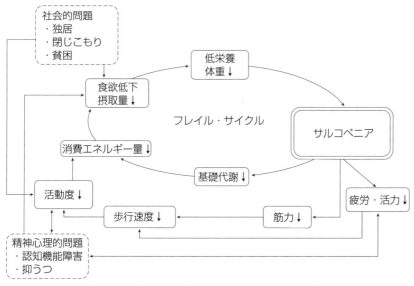

● 図 12-3 ●　サルコペニア，フレイルのメカニズム
出典：荒井秀典「フレイルの意義」『日本老年医学会雑誌』51(6), 2014年, pp. 497-501

定される。動的筋力とは，外的負荷や身体の一部が動くときに発揮される力のことであり，最大努力をして1回しか遂行できない時の負荷測定によって評価されることが多い。筋持久力とは，筋群がある一定の時間，筋疲労を起こさずに筋収縮を繰り返すことのできる能力であり，筋肉内の毛細血管の多い者や遅筋の多い者ほど，この能力は高くなる。上体おこしや腕立て伏せの回数で評価している。

最近では，**サルコペニア**や**フレイル**などの筋肉量の減少や筋力低下，体重減少などの状態が様々な病気を引き起こす原因とされているため，筋力や筋量，筋持久力の測定は極めて重要である（図12-3）。

サルコペニア
フレイル

③ 柔軟性

柔軟性とは，ある関節が可動する範囲（可動域）を示すものである。実際には，関節機能だけでなく，筋や腱，靱帯の伸張性なども影響する。柔軟性の測定には，長座体前屈が用いられることが多く，腰背部や股関節，大腿二頭筋の柔軟性を評価している。腰背部や股関節の柔軟性の低下は，腹筋の筋力低下などの合併により，腰痛を引き起こすといわれている。さらに筋の柔軟性の維持や向上が血管内皮機能に影響を与えるなどが報告されていることからも，柔軟性は健康関連体力要素として極めて重要な体力要素である。

3 トレーニングの三大原理および五大原則

身体機能は，現段階の能力よりも低い水準でしか活動しなければ退化するが，少なくとも同水準であれば維持できる。さらに高い水準の活動を行えば，身体機能は向上する。トレーニングでは，向上させたい体力構成要素や機能を，現在のレベルよりも高い水準で行わせる必要がある。安全かつ効率よく身体諸器官の機能を改善させるためには，次に示すトレーニングの三大原理と五大原則を踏まえて，運動プログラムを作成する必要がある。

（1） トレーニングの三大原理

1 過負荷の原理

トレーニングの効果を得るためには，現段階の能力以上の負荷（過負荷）をかけなくてはならない。少なくとも日常生活で発揮している力より強い負荷をかけて運動を行う必要があり，その強度がそれ以下であれば，運動の効果は期待できない。運動を行い機能が向上したら，それよりも強い強度の運動を実施するようにし，さらなる機能の向上を目指していく。このことを**過負荷の原理**という。

2 特異性の原理

トレーニングの効果は，トレーニングの種類や部位によって異なり，トレーニングを行った部位や動作に一致して効果が現れる。トレーニングを行うと，身体はそれに応じた形態的および生理的な変化や適応が生じていく。たとえば，持久的な運動は持久力を向上させるが，筋力の増強に関しては期待できない。トレーニングという観点から考えると，トレーニング効果は，トレーニング中に最も利用されたエネルギー供給系と関連のあるパフォーマンスが増加し，さらにはトレーニングと同じ筋の活動状態において最も著しく現れる。このことから，競技種目に即した動作様式や筋の活動様式，力およびスピード発揮を取り入れなくてはならない。このことを**特異性の原理**という。

3 可逆性の原理

トレーニングの効果は，不変的なものではなく，トレーニングを中止すれば得られた効果は消失する。そうしたことからもトレーニング効果を維持するには運動を規則的に継続して行う必要がある。また，もとにもどるまでの期間は，その効果が得られるまでに要した時間によって異なるとされている。つまり，短期間で得られたトレーニング効果は，トレーニングをやめると短期間でもとにもどり，長い時間かけて得られたトレーニング効果は，いずれもとにもどるが，長時間にわたって維持されるといわれている。このことを**可逆性の原理**という。

(2) トレーニングの五大原則

トレーニングを行うにあたり，対象者の年齢や体力（競技力）レベル，トレーニング効果を確認しながら実施・継続していくことが重要であり，そのためにもトレーニングの**五大原則**を把握しながら行う必要がある。

五大原則

1 意識性の原則

意識性の原則

トレーニングを実施する本人が，運動や体力の向上に関する知識をしっかりともち，トレーニングの理論，目的，方法，効果を意識して，明確にしてトレーニングを実施する。目的を明確にし，意識しているかどうかで，得られるトレーニング効果に大きな差が生じる。また，指導者には，それらをしっかりと把握し，対象者に伝える能力も必要となる。

2 全面性の原則

全面性の原則

トレーニングの種類や部位は偏ってはならない。身体的および精神的な力をともに高めるように行う必要がある。たとえば，陸上競技の長距離選手は数十kmのランニングを行うが，それ以外にも，下肢の柔軟性を高めたり，筋力を向上させたりするトレーニングが必要である。全身をバランスよくトレーニングし，すべての体力要素を総合的に高めていくことが大切である。

3 個別性の原則

個別性の原則

個人の性や年齢，健康状態，生活環境，これまでのトレーニングやスポーツ歴，性格など個人の特性に応じて必要なトレーニング内容や方法，量が異なる。さらに体力には個人差があるため，同じ運動を行っても効果や安全性が異なる。トレーニングの効果を最大限に引き出すためには，各個人に適したトレーニング内容を提供する必要がある。各個人の生理機能はそれぞれ異なるため，トレーニング内容が同じであっても，効果や安全性は異なることを理解しないといけない。

4 漸進性の原則

漸進性の原則

トレーニングを継続すると，体力や技術の向上がみられるが，その負

荷量に次第に慣れていく。そのままの負荷量でトレーニングを続けていると，トレーニングの効果がみられなくなるときがくる。これは，体力水準があがり，同じ負荷量では身体への負荷が小さくなったためである。さらに高いトレーニング効果を得るためには，トレーニングの負荷（強度・時間・頻度）を段階的に増やすことが必要である。

5 反復性の原則

トレーニングの効果は短期間で得られるものではない。定期的な頻度で繰り返す必要がある。必要な反復回数は，機能や技量によって異なるとされているが，体力の向上には少なくとも週に2回以上行うことが必要とされている。

> 反復性の原則

【参考文献】
1) 猪飼道夫『運動生理学入門』体育の科学社，1963年
2) 日本体力医学会体力科学編集委員会監訳『運動処方の指針』南江堂，2011年
3) American College of Sports Medicine, *Acsm's Resource Manual for Guidelines for Exercise Testing and Prescription Fourth ed.* Lippincott Williams & Wilkins, 2006
4) 鈴木政登ほか「日本人の健康関連体力指標最大酸素摂取量の基準値」『デサントスポーツ科学』30，2009年，pp. 3-14
5) Miyamura M, Honda Y: Oxygen intake and cardiac output during maximal treadmill and bicycle exercise. *J Appl Physiol.* 32(2): 1972, pp. 185-8.
6) 荒井秀典「フレイルの意義」『日本老年医学会雑誌』51(6)，2014年，pp. 497-501

まとめ

1 「健康とは，病気でないとか，虚弱でないということではなく，肉体的にも，精神的にも，そして社会的にも，すべてが満たされた状態にあること」とWHOでは定義されている。

2 体力は，身体的要素と精神的要素に分類され，それぞれ行動体力と防衛体力とがある。

3 精神的要素の行動体力には，意志や判断，意欲などがあり，防衛体力には，精神的ストレスに対する抵抗力が含まれている。

4 健康関連体力には，心肺持久力，筋力，筋持久力，柔軟性，身体組成などが含まれており，様々な疾患の罹患率と関連している。

5 最大酸素摂取量を決定する因子としては，①肺のガス交換能力，②心臓のポンプ能力，③ヘモグロビン濃度，④筋での酸素拡散能力，⑤筋での酸素利用能力などが大きく関わっている。

6 サルコペニアやフレイルなどの筋肉量の減少や筋力低下，体重減少などの状態が様々な病気を引き起こす原因とされているため，筋力や筋量，筋持久力の測定は極めて重要である。

7 トレーニングの三大原理とは，過負荷・特異性・可逆性の原理である。

8 トレーニングの五大原則とは，意識性・全面性・個別性・漸進性・反復性の原則である。

第13章
運動プログラムの実践例

1 中高年肥満女性の肥満改善プログラムの効果

　大阪教育大学公開講座で中高年肥満女性30名（年齢50.9＋7.1歳，身長157.0＋5.3cm，体重64.9＋8.6kg，体脂肪率35.0＋5.1％）を対象に7月中旬から10月中旬までの3ヵ月間計20回の肥満解消のための指導プログラムを実施し毎日の体重や歩数測定などの日常生活の自己管理を行わせ，その肥満解消プログラムの効果について検討した。

　医学的指導として保健管理センター朝井医師が①メディカルチェック（講座開始日，終了日），血液検査，血圧検査，心電図検査，腹部超音波断層検査，骨密度測定②医学的講義「肥満と病気・肥満の予防法について」。

　栄養指導は奥田教授が①食事調査（講座開始日），これまでの食生活に関する調査②栄養学的講義「肥満と栄養に関する知識の指導」③食生活における毎日の記録，1日の摂取カロリーの調査品目・重量を正確に記入してもらい，算出④食生活・食行動調査（講座開始日，終了日，アンケート）⑤個別食生活指導（1ヵ月毎の計3回），食事調査・食行動調査成績に基づいて。

　運動指導は三村教授が①体力測定（1ヵ月毎の計4回），握力，垂直跳び，

運動指導
・週1回2時間程度の運動指導
実技内容：ウォーキング，太極拳，リズム体操，エアロビクス，ダンベル体操，チューブ体操，ウォークラリー

| 運動指導内容 | 20分 運動に関する講義 | 10分 準備体操 | 30分 運動実技 | 5分 休憩 | 30分 運動実技 | 15分 整理体操・ストレッチ | 5分 マッサージ | 5分 次週の説明 |

● 図13-1 ●　運動指導

①腕を大きく振って歩く
②まっすぐ前を向いて歩く
③リズミカルに歩く
④正しい姿勢で歩く
⑤心地よいスピードで歩く

ウォーキング

自然がいっぱいの広大な大学の敷地をみんなで楽しく歩きます！

ウォークラリー

● 図13-2 ●

★日常生活の自己管理★
・1日4回(起床直後、朝食直後、夕食直後、就寝直前)の体重測定およびグラフ化
・1日の歩数の記録(1日1万歩目標)
・1日の行動(運動)内容の記録による自己管理

ダイエットの指標として…

①体重測定(1日4回)
②体組成測定(講座開始日と終了日)
・体脂肪率
・除脂肪率
③形態測定(1カ月後との計4回)
・周囲径測定
(胸囲、腰囲、腹囲、上腕囲左右、前腕囲左右、大腿囲左右、下腿囲左右の計11部位)
・皮下脂肪厚測定

● 図 13-3 ● 日常生活の自己管理

● 図 13-4 ● ダイエットの指標として

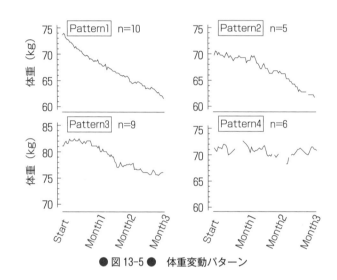

● 図 13-5 ● 体重変動パターン

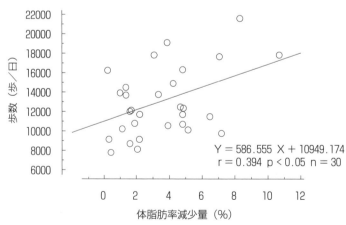

● 図 13-6 ● 一日の歩数と体脂肪率減少量との関係

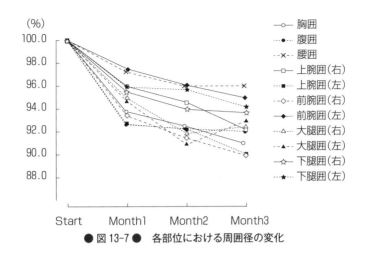

● 図13-7 ● 各部位における周囲径の変化

反復横跳び，立位体前屈，上体起こし，計5種目②運動指導（週1回2時間程度），実技内容：ウォーキング，太極拳，リズム体操，エアロビクス，ダンベル，体操，チューブ体操，ウォークラリーを実施した。

3ヵ月後の血液検査はHDL―増加，その他―減少，血圧は収縮期血圧―低下，拡張期血圧―低下，腹部超音波断層検査による腹部脂肪厚は減少した。

栄養面は3ヵ月後，食事内容，食べ方，満腹感，代理摂取，空腹感，体質，リズム異常などの食行動のクセやズレが改善された。また糖質，脂質，タンパク質，ビタミンD，ビタミンC，穀類は必要量を超えていたが3ヵ月後には改善された。

体重は3ヵ月後に平均64.9 kgから60.0 kgへ，体脂肪率は35.0から31.0へ除脂肪率は65.0から67.0へ改善された。体重の減少には個人差がみられ4つのパターンに分類することが出来た。また，体重の日内変動においてもパターンが見られた（図13-5）。さらに1日の歩数が多い人ほど体脂肪率が減少する傾向が認められた（図13-6）。

身体各部位の周囲径は右前腕囲，左上腕囲，左大腿囲，腹囲，左大腿囲，左前腕囲，腰囲の順に減少した（図13-7）。体力は垂直飛び以外の上体起こし，反復横とび，握力，立位体前屈の順に向上した。

今回参加した対象者は1日の食事量が多く，特に就寝前に間食する人がほとんどであったが，日常生活の自己管理として①1日4回の体重測定，②1日の歩数測定と記録，③1日の行動を記録させ，週末土曜日に各自のデータをもとに楽しみながらダイエットとする理論と実技を行う反監視型運動療法を実施した結果。体重は参加者すべてが減量（11.2 kgから5.1 kg）に成功し，体脂肪率，腹囲・上腕左等の周囲径減少し，血圧・血液性状も改善，食生活習慣や食事内容の改善，垂直跳びを除くすべての体力の向上が見られた。またリバウンドを防ぐために，講座終了後同窓会を立ち上げ月に1度の学習会を継続している。

2　心身両面における高齢者太極拳のトレーニング効果

　本研究は太極拳の運動効果を心身両面から検討するため，高齢者40名（男女それぞれ20名）を対象に週2回，1回2時間の太極拳（24式）運動を1年間実施し，指導前，指導6ヵ月後および1年後における心拍数，呼吸数，脳波，筋電図および体力状態を測定した。

　対象は，実験の趣旨を充分に説明し同意を得ることのできた健康な高齢者男性20名（実験群10名：65.7±1.91歳，対照群10名：65.32±4.3歳），女性20名（実験群10名：66.1±2.2歳，対照群10名：66.21±3.1歳）の計40名で，太極拳運動の経験はまったくない人であった。対照群は太極拳指導とトレーニングを行わなかった。なお，形態測定として身長，体重の測定を行った。体力測定および太極拳運動実験は，指導前，指導6ヵ月後および指導1年後に行った。

　年次計画：1年間の太極拳の指導は，2つの期間に分けて行った。すなわち，指導開始から指導開始後6ヵ月間にかけては，太極拳の基本動作と24式太極拳運動の流れを重点とした動作の習得について指導した。その後の6ヵ月から1年にかけては，習得した動作を円滑流暢に行うことはもちろんのこと，各動作における呼吸法と攻防意識を理解した上でイメージをしながら太極拳運動を行うことを，重点的に指導した。

　指導内容：太極拳運動の指導は週2回，1回2時間のグループ指導を中心に行った。一回の指導は，20分の準備体操を行ったのち，90分の太極拳を指導（中間2回休憩），10分の整理体操から構成された。このほか，グループ指導と同様な形の太極拳運動を指導するビデオも作成し，対象に配布することによって個々による自宅学習指導も同時に行った。

　体力測定は，指導前，指導開始6ヵ月後と1年後において，握力，垂直跳び，閉眼片足立ち，反復横跳びの計4種目を，日本人の体力標準値に記載された方法に従って行った。

　太極拳運動実験は，安静期6分，運動6分，回復期6分の計18分からなり，安静期および回復期は座位によって行った。また，安静期の6分においては開始時から3分間は開眼，その後の3分間は閉眼とし，回復期においては運動終了後から3分間は閉眼，その後の3分間は開眼とした。太極拳運動中の測定項目は，心拍数，呼吸数，脳波と筋電図の4項目であり，実験の全行程において，テレメーターシステムEEG4518ファイリングユニットQI-403A（日本光電社製）を用いてすべて同時測定を行った。心拍数は胸部双極誘導法により行った。脳波用の電極は国際脳波連盟標準の10～20法に従い装着し，単極誘導法により6電極を用いて前頭部，中央頭部および後頭部から測定を行った。それぞれの周波数における脳波の相対的な活動性を求めるために，FFTにより求められた30秒ごとの全パワースペクトル中におけるα波の活動が占める割合（出現率）

● 表 13-1 ● Changes in the parameters of physical test items for exercise group (n=20) and control group (n=20) at baseline, after 6 months training and 12 months training.

			Exercise group			Control group	
			baseline	after 6 months	after 12 months	baseline	after 12 months
Weight	(kg)	male	61.9±3.4	62.0±2.7	61.5±3.3	61.3±7.7	62.9±7.4
		female	52.5±3.7	52.8±3.8	52.5±3.7	53.2±5.5	54.0±6.2
Grip strength	(kg)	male	34.0±4.4	34.2±4.4	34.6±4.9	32.1±5.5	32.9±6.3
		female	21.5±3.7	21.7±2.3	21.9±2.6	21.7±4.6	21.3±4.9
Vertical jump	(cm)	male	31.3±4.9	31.2±4.9	31.3±5.2	30.0±6.8	31.1±5.1
		female	22.6±3.6	23.1±3.5	25.0±3.9*	22.8±5.5	22.1±4.4
Side step	(times)	male	29.7±3.5	30.1±3.6*	31.6±3.8**	29.0±4.6	28.2±7.3
		female	26.5±3.7	27.5±4.0*	29.6±3.7**	26.7±3.4	26.4±3.7
One-leg standing with eyes close	(sec)	male	7.5±3.9	12.7±4.3**	15.4±3.8**	8.1±4.6	8.2±5.5
		female	7.8±3.6	11.8±3.9*	16.5±3.3**	7.7±3.8	7.2±5.1

Values are presented as mean ± SD.
*$p<0.05$, **$p<0.001$: versus Baseline

を求めた。筋電図は右半身の僧帽筋，脊柱起立筋，大臀筋，大腿直筋，前脛骨筋，ヒラメ筋の6部位を測定し，0.2秒ごとにFFT分析により面積積分値を求めた。さらに，実験の全過程をビデオカメラにより撮影した。

　最大下および最大酸素摂取量の測定は，トレッドミルを用いて運動負荷漸増法によって行った。対象は5分間の座位安静の後，100m/min，150m/minおよび200m/minの3段階の速度で各4分間走行させ，その後に1分毎に20m/minもしくは勾配2%ずつ増加させて疲労困憊（オールアウト）に至るまで走行させた。その間の呼気ガスを収集し，センサーメディックス社製呼吸代謝測定装置（2900）を用い，breath-by-breath法によるガス分析を行った。同時に日本光電社製のテレメーターLife Scope 6を用いて胸部双極誘導法により心拍数の測定を行った。

　結果：本研究の対象は，1年を通じてほぼ全てのものが週2回の指導教室に休みなく参加していた。月間参加率は90〜98%であり，1年間を通じて92.8%と高い参加率が認められた。対照群の各体力項目においては，1年間で有意な変化は何れも認められなかったのに対して，実験群では指導開始6ヵ月後と1年後には男女ともに閉眼片足立ちと反復横とびの記録は有意な向上が認められた（$p<0.05$, $p<0.0001$）。さらに，指導開始1年後においては女性で垂直とびの成績が有意に向上した（$p<0.05$）。（表13-1）

　図13-8Aと13-8Bは，指導前後における太極拳運動中の心拍数および呼吸数の変動を示したものである。心拍数の変動についてみると，安静期および回復期には指導前後において差が認められなかったが，運動中には，指導前の平均102±6.9拍/分に対して，指導6ヵ月後（$p<0.05$）

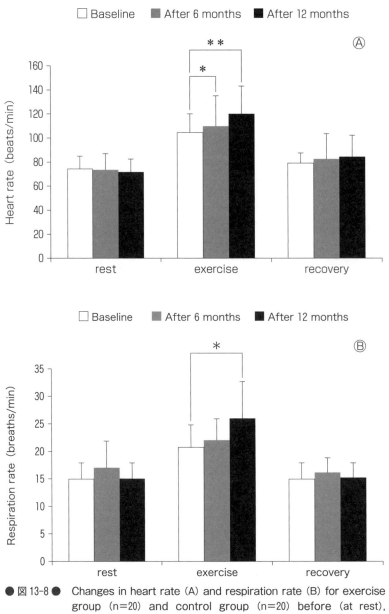

● 図13-8 ● Changes in heart rate (A) and respiration rate (B) for exercise group (n=20) and control group (n=20) before (at rest), during (exercise) and after TAICHI exercise (at recovery).
*p<0.05, **p<0.05: versus Baseline

には平均117.8±13.1拍/分と，1年後（$p<0.01$）には122.3±10.2/拍となり，指導前より両方ともに有意に増加していることが認められた．指導前，指導6ヵ月後と1年後の平均運動強度はそれぞれ47.4±9.6 $\dot{V}O_2max$ %，51.4±11.1 $\dot{V}O_2max$ %，57.8±10.6 $\dot{V}O_2max$ %を示し，指導1年後の$\dot{V}O_2max$ %が指導前に比べて有意（$p<0.05$）に増加していた．呼吸数の変動では，安静期および回復期には，指導前後においてほとんど変化が認められなかったが，運動中には，指導前には平均22.3±0.8回/分であったのに対し，指導6ヵ月後では平均25.7±4.3回/分と増加傾向，指

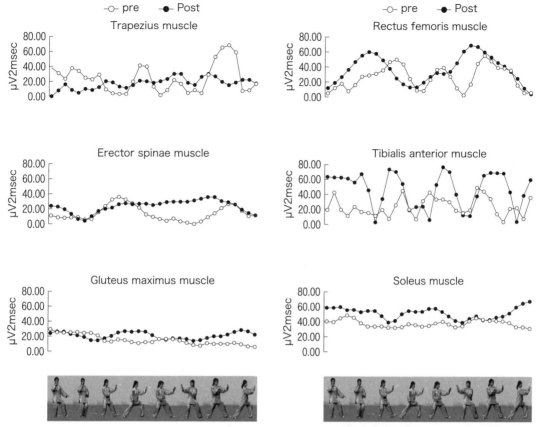

● 図13-9 ● Changes in the parameter of EMG area integral values during TAICHI exercise (one case: HG).

導1年後では26.7±5.3回/分と，指導前より有意（$p<0.05$）に増加したことが認められた。

被験者のα波出現率（％）の平均値をみてみると，指導前から指導後にかけて，閉眼安静期において指導6ヵ月後（$p<0.05$）と1年後（$p<0.001$），また，閉眼回復期においても指導6ヵ月後（$p<0.001$）と1年後（$p<0.001$）では，それぞれ有意な増加が認められた。

図13-9は，対象者HGが太極拳運動の特徴動作である「左攬雀尾」動作時の6部位における筋放電量を，指導前と指導1年後のものを比較したものである。僧帽筋においては指導前と比べて指導1年後に筋放電量は減少したが，脊柱起立筋，大殿筋，大腿直筋，前脛骨筋，ヒラメ筋においては指導前と比べて指導後には筋放電量は増加した。6部位の筋放電量は，指導前の不規則で突然的な変化を示したのに対し，指導後においては緩やかに漸増・漸減の変動を多く示した。また，他の対象の筋放電においても，個人差はあるものの同様の結果が認められ，とくに大腿直筋，前脛骨筋，ヒラメ筋の放電量の増加と緩やかな筋放電変動を示した者においては，VTRによる動作分析からも，指導前より指導後には顕著に低い姿勢になり，ゆったりとした滑らかな動きを示すことが認められた。

指導後における閉眼安静期および閉眼回復期のα波出現率は，指導前より有意に増加し，運動中の主要筋群の筋放電積分値は，指導後では緩やかに漸増・漸減する変化が多く，運動動作がスムーズに行われたようになった。運動中の心拍数および呼吸数は，指導後にはともに増加し，熟練度の増加につれ運動強度が増え，高齢者の呼吸循環系に対する運動負荷も，身体重心の低下により調節可能であることが認められた。さらに，体力においても，敏捷性，柔軟性および平衡性の改善が認められ，太極拳の特徴的な動きと運動前後に行われたストレッチは要因として考えられる。よって，太極拳運動は，1年間継続的に行うことによって適度な運動強度やリラックス効果が得られると伴に，体力面も改善され，高齢者の健康づくり運動には心身両面において有益であることが示唆された。

【参考文献】
1）三村寛一・佐藤光子・石崎桂子・石沢靖子「中年女性を対象とした健康増進システム――M町健康推進センターにおける取り組み」『大阪教育大学紀要』第Ⅳ部門 44，1，1995 年
2）羅　彭・吉田智美・橋場有哉・斉藤誠也・劉　雲発・鉄口宗弘・三村寛一「中年肥満女性における運動療法の効果」『大阪教育大学紀要』第Ⅳ部門 52，2，2004 年
3）劉　紅・三村寛一・鉄口宗弘・辻本健彦・織田恵輔・北野祐太「中高年肥満女性における運動療法の効果［Ⅲ］」『大阪教育大学紀要』第Ⅳ部門 57，1，2008 年
4）三村寛一・秋武　寛・大森祥史・藤林宏彰・本吉園子・宮　寛代「中年女性を対象とした健康増進システム――ウオーキングが運動習慣に及ぼす影響」『大阪教育大学紀要』第Ⅳ部門 59，1，2010 年
5）劉　雲発，三村寛一，汪　立新，原　丈貴，生田香明「24 式太極拳における心拍数，呼吸数，体表面温度，脳波，筋電図の変化について」『大阪教育大学紀要』50(1)：221-236，2001 年
6）Liu YF, Mimura KI, Wang LX, Ikuda KM: Physiological benefits of 24-style Taijiquan exercise in middle-aged women, *J Physiol Anthropol Appl Human Sci*, 22: 219-225, 2003.
7）Wang LX, Liu YF, Mimura KI, Fujimoto SO: The Psychosomatical effects of "Taiji sence" in Taijiquan exercise, *Jpn J Phys Fitness Sports Med*, 56: 131-140, 2007.

まとめ

1. 中高年肥満女性を対象に3ヵ月にわたる肥満解消のための指導プログラムを行うと伴に，毎日の体重や歩数測定など日常生活の自己管理を行わせた結果，
    ① 体重および体脂肪率は有意な減少が認められた。
    ② 体力は垂直跳びを除く握力・垂直跳び・反復横跳び・立位体前屈・上体起こし・握力で有意な向上が認められた。
    ③ 周囲径は，腹囲，上腕囲左で最も早く減少し，プログラム終了時には腰囲を除く全ての部位において有意な減少が認められた。
    ④ 血液性状および血圧はほぼ正常値に改善された。また腹部脂肪厚は減少した。
    ⑤ 食生活習慣や食事内容に有意な改善が認められた。

2. 太極拳の運動効果を心身両面から検討するため，高齢者40名（男女それぞれ20名）を対象に週2回，1回2時間の太極拳（24式）運動を1年間実施し，指導前，指導6ヵ月後および1年後における心拍数，呼吸数，脳波，筋電図および体力状態を測定した結果，
    ① 指導後における閉眼安静期および閉眼回復期のα波出現率は，指導前より有意に増加した。
    ② 運動中の主要筋群の筋放電積分値は，指導後では緩やかに漸増・漸減する変化が多く，運動動作がスムーズに行われるようになった。
    ③ 運動中の心拍数および呼吸数は，指導後にはともに増加し，熟練度の増加につれ運動強度が増え，高齢者の呼吸循環系に対する運動負荷も，身体重心の低下により調節可能であることが認められた。
    ④ 体力は敏捷性，柔軟性および平衡性の改善が認められ太極拳の特徴的な動きと運動前後に行われたストレッチは要因として考えられる。

● 重 要 語 句 集 ●

● ア 行

- アクチン……………………………………10
- アディポサイトカイン……………………99
- アデノシン三リン酸（ATP）………14, 59
- アドレナリン………………………………90

- 意識性の原則……………………………112
- 1回換気量（TV）…………………………25
- 1回拍出量（SV）…………………………34
- インスリン…………………………………88
- インスリン感受性…………………………91
- インスリン様成長因子-1（IGF-1）……89
- 咽頭…………………………………………22
- インピーダンス法…………………………97

- ウエスト・ヒップ比………………………98
- ウォーミングアップ………………………71
- 右脚…………………………………………33
- 右心室………………………………………30
- 右心房………………………………………30
- 運動神経……………………………………42
- 運動負荷試験………………………………27
- 運動野………………………………………40

- SO線維………………………………………12
- NK細胞………………………………………79
- FOG線維……………………………………12
- FG線維………………………………………12
- MCT…………………………………………60
- 遠心性神経…………………………………42
- 遠心性肥大…………………………………35
- 延髄…………………………………………42
- 塩分補給……………………………………71

- 横隔膜………………………………………23
- 横紋筋………………………………………10
- オープンウィンドウ説……………………80
- オスグット・シュラッテル病……………5
- オストランド法……………………………27

● カ 行

- 外呼吸（肺呼吸）…………………………24
- 外挿法………………………………………27
- 解糖系（乳酸系）…………………………16
- 海綿骨…………………………………………2
- 外肋間筋……………………………………23
- 可逆性の原理……………………………111
- 拡散面積……………………………………25
- 拡張期血圧…………………………………37
- 獲得免疫系…………………………………77
- 隠れ肥満……………………………………97
- 加速度………………………………………52
- 活動代謝……………………………………49
- カテコールアミン………………………89, 90
- 過負荷の原理……………………………111
- カルシウム……………………………………7
- カルボーネン法……………………………36
- 加齢…………………………………………78
- 感覚神経……………………………………42
- 換気性作業閾値（VT）……………………54
- 関節運動を起こす働き……………………4
- 関節軟骨………………………………………3
- 間脳…………………………………………40

- 気管…………………………………………22
- 気管支………………………………………22
- 起始点………………………………………10
- 基礎代謝……………………………………49
- 基礎代謝量…………………………………49
- 気道…………………………………………22
- 機能局在……………………………………40
- QRS波………………………………………33
- 求心性神経…………………………………42
- 求心性肥大…………………………………35
- 橋……………………………………………42
- 胸郭…………………………………………22
- 胸式呼吸……………………………………23
- 局所免疫……………………………………80
- 局所免疫機能………………………………77
- 筋原線維……………………………………10

筋小胞体	10
筋節	11
筋線維の肥大	18
筋疲労	19
グリコーゲン	59
グルカゴン	88
グルコース	59
クレアチンリン酸	15
血圧	37
血液	30
血液再分配	37
血管	30
血漿	30
血小板	30
健康関連体力	106
健康寿命	105
高エネルギーリン酸化合物	14
交感神経	42
抗原	76
喉頭	22
行動性体温調節	67
行動体力	105
呼気ガス分析	27
呼気ガス分析装置	51
呼吸交換比（RER）	27, 64
呼吸商（RQ）	64
呼吸数（RR）	25
五大原則	112
骨芽細胞	5
骨幹	2
骨幹端	2
骨吸収	3
骨形成	3
骨細胞	5
骨髄	2, 3
骨髄腔	2
骨粗鬆症	6
骨端	2
骨端線	4
骨端板	4
骨膜	2
個別性の原則	112

固有心筋	32
コルチゾール	89

● サ 行

最大換気量（$\dot{V}Emax$）	25
最大酸素摂取量（$\dot{V}O2max$）	27, 53, 108
細胞体	42
左脚	33
左心室	30
左心房	30
サルコペニア（sarcopenia）	18, 110
残気量	26
酸素摂取量（$\dot{V}O2$）	27, 53
酸素負債量	27
酸素分圧：$PO2$	24
3方向の加速度	52
Jカーブ	78
GLUT4	59
自覚的運動強度	56
死腔	26
軸索	42
刺激伝導系	33
視床	41
視床下部	41
姿勢保持の働き	4
自然免疫系	76
湿球黒球温度	72
シナプス	42
脂肪細胞	99
脂肪酸	62
収縮期血圧	37
種子骨	1
樹状突起	42
手段的日常生活動作	18
受容体（レセプター）	87
順化	24
衝撃から守る働き	4
蒸散性熱放散	69
小脳	40
静脈還流	32
食事誘発性熱産生	49, 50
女性ホルモン	6
自律神経	42
自律神経性体温調節	67

心筋	30	大脳	40
神経細胞（ニューロン）	42	大脳皮質	40
心臓	30	タイプⅡa	12
身体活動	50	タイプⅡb	12
伸張性収縮	13	対流	69
心電図	33	唾液抗菌性ペプチド	77, 80
心拍出量（$\dot{Q}$）	34	唾液免疫グロブリンA	77
心拍数（HR）	33, 34	ダグラスバッグ	51
心拍数予備	53	短骨	1
心拍モニター	52	短縮性収縮	13
心壁厚	35		
		知覚神経	42
随意運動	43	遅筋	12
随意筋	10	遅筋線維	12
推定最大心拍数	53	中枢神経系	40
水分補給	70, 71	中性脂肪	99
スターリングの心臓の法則	35	中脳	42
ストレス	78	長骨	1
スポーツ心臓	35		
		TCA（トリカルボン酸）	16
生活活動	50	停止点	10
生活活動記録法	53	T波	33
生活習慣病	98	伝導	69
生活の質	105		
成長ホルモン	89	等尺性収縮	13
静的収縮	13	動静脈酸素較差	36
赤血球	30	等速性収縮	13
漸進性の原則	112	等張性収縮	13
選択的に萎縮	18	動的収縮	13
全肺容量	26	洞房結節	33
全面性の原則	112	特異性	76
		特異性の原理	111
造血	2	特殊心筋	33
造血の働き	4	トリグリセリド	62
速筋	12		
速筋線維	12		

● ナ 行

内呼吸（組織呼吸）	24		
内臓脂肪型肥満	98		
内肋間筋	23		

● タ 行

体脂肪率	97		
代謝	68	二酸化炭素分圧：PCO2	24
体循環	32	二重標識水法	51
大静脈	30	日常生活動作	18
体性神経	42	乳酸	60
体成分	97	乳酸性作業閾値（LT）	54
大動脈	30		

熱痙攣	72
熱産生	67
熱失神	72
熱射病	72
熱中症	71
熱伝導率	69
熱疲労	72
熱放散	67
脳幹	40
ノルアドレナリン	90

● ハ 行

肺	22
肺活量	26
肺（毎分）換気量（V̇E）	25
肺循環	31
肺静脈	30
肺動脈	30
肺胞	22
破骨細胞	5
白血球	30, 79
反射（不随意運動）	44
反復性の原則	113
BMI	96
P波	33
皮下脂肪型肥満	98
鼻腔	22
皮質骨	2
非蒸散性熱放散	69
ヒス束（His）	33
ビタミンA	8
ビタミンD	8
ビタミンK	8
非ふるえによる熱産生	69
肥満	95
肥満症	96
肥満度	96
ヒューマンカロリーメーター法	51
Human-β-defensin-2	81
不規則骨	1
副交感神経	42
腹式呼吸	23

不随意筋	10
ふるえによる熱産生	68
プルキンエ線維（Purkinje）	33
フレイル（frailty）	19, 110
平滑筋	10
ヘモグロビン	24, 31
弁	30
扁平骨	1
防衛体力	105
縫合骨	2
房室結節	33
放射	69
ボルグスケール	56
ホルモン	87

● マ 行

マグネシウム	8
末梢神経系	40
マッスルポンプ	32
ミオシン	10
脈拍数	33
ミルキングアクション	32
無機質（カルシウム，リンなど）の貯蔵の働き	4
無酸素系	16
無酸素性作業閾値（AT）	54
メタボリックシンドローム	98
メタボリックチャンバー	51
メッツ	55
免疫応答	76
免疫グロブリンA	80
毛細血管	30

● ヤ 行

有酸素系	16
予備吸気量	26
予備呼気量	26

● ラ 行

リモデリング……………………………………3, 5
リン酸化合物……………………………………8

レベリングオフ…………………………………27

肋骨………………………………………………23

〈著者紹介〉　　＊印編者，執筆順

＊三村　寛一（みむら　かんいち）　　はじめに，第13章
　　1971年　大阪教育大学教育学部卒業
　　1972年　大阪教育大学教育専攻科（体育）修了
　　1976年　東京教育大学大学院体育学研究科修士課程体育学専攻修了
　　1990年　学術博士（大阪市立大学）取得
　　1990年よりカナダマックマスター大学へ文部省の在外研究員として研究留学
　　現　在　大阪教育大学名誉教授
　　　　　　大阪成蹊大学大学院教育学研究科長・図書館長・子ども教育研究所所長
　　[主要著作]
　　『健康・スポーツの科学―幼児から高齢者まで』（編著）明伸社，1992年
　　『青年の健康と運動』（共著）現代教育社，1995年
　　『小児のスポーツ科学』（翻訳）金芳堂，1997年
　　『健康の科学』（共著）金芳堂，1999年
　　『スポーツ生理学』（編著）嵯峨野書院，2002年
　　『スポーツ指導論』（編）嵯峨野書院，2002年
　　『健康・スポーツの科学』（編著）嵯峨野書院，2006年
　　『スポーツ指導者のためのスポーツと法』（編著）嵯峨野書院，2011年
　　『やさしいスポーツ医科学の基礎知識』（共著）嵯峨野書院，2016年
　　『新・保育と健康』（共編著）嵯峨野書院，2018年

　灘本　雅一（なだもと　まさかず）　　第1章，第2章
　　1985年　天理大学体育学部体育学科卒業
　　2000年　大阪教育大学大学院教育学研究科健康科学専攻修士課程修了
　　2011年　兵庫教育大学大学院連合学校教育研究科研究生修了
　　2011年　兵庫教育大学大学院連合学校教育研究科（博士[学術]）
　　現　在　桃山学院教育大学教育学部教授

＊鉄口　宗弘（てつぐち　むねひろ）　　第3章，第4章
　　1992年　大阪教育大学教育学部教養学科スポーツ・健康科学・生活環境コース卒業
　　1994年　大阪教育大学大学院教育研究科保健体育専攻修士課程修了
　　1998年　大阪市立大学大学院後期博士課程生活科学科栄養生理学専攻修了（博士[学術]）
　　現　在　大阪教育大学教育学部教授
　　[主要著作]
　　『スポーツ生理学』（共著）嵯峨野書院，2002年
　　『新・スポーツ栄養学』（共著）嵯峨野書院，2016年

　織田　恵輔（おりた　けいすけ）　　第5章
　　2007年　鳥取環境大学環境情報学部環境政策学科卒業
　　2009年　大阪教育大学大学院教育学研究科保健体育専攻修士課程修了
　　2013年　大阪市立大学大学院医学研究科基礎医科学専攻博士課程修了（博士[医学]）
　　現　在　プール学院短期大学幼児教育保育学科講師

大島　秀武（おおしま　よしたけ）　第6章
　1993年　大阪教育大学教育学部卒業
　1995年　大阪教育大学大学院教育学研究科修士課程修了
　1998年　大阪市立大学大学院生活科学研究科博士課程修了（博士［学術］）
　現　在　流通科学大学人間社会学部教授
　［主要著作］
　『運動と健康の心理学』（共著）朝倉書店，2012年

上田　真也（うえだ　しんや）　第7章，第10章
　2005年　阪南大学経済学部経済学科卒業
　2007年　大阪教育大学大学院教育学研究科保健体育専攻修士課程修了
　2011年　大阪市立大学大学院医学研究科基礎医科学専攻博士課程修了（博士［医学］）
　現　在　岐阜大学教育学部保健体育講座准教授

坂井　智明（さかい　ともあき）　第8章
　1996年　大阪教育大学小学校教員養成課程卒業
　1998年　大阪教育大学大学院教育学研究科修士課程修了
　2003年　筑波大学大学院博士課程体育科学研究科修了（博士［体育科学］）
　現　在　名古屋学院大学スポーツ健康学部准教授
　［主要著作］
　『スポーツ指導者のためのスポーツと法』（共著）嵯峨野書院，2011年
　『エクササイズ科学――健康体力つくりと疾病・介護予防のための基礎と実践』（共著）文光堂，2012年
　『健康づくり・介護予防のための体力測定評価法［第2版］』（共著）金芳堂，2013年

臼井　達矢（うすい　たつや）　第9章
　2003年　大阪ハイテクノロジー専門学校スポーツ科学科卒業
　2008年　大阪教育大学大学院教育学研究科実践学校教育専攻修士課程修了
　2012年　大阪市立大学大学院医学研究科基礎医科学専攻博士課程修了（博士［医学］）
　現　在　大阪成蹊大学教育学部教育学科中等教育学専攻保健体育教育コース准教授
　［主要著作］
　『生活事例からはじめる保育内容健康』（編著）青踏社，2016年

原　丈貴（はら　たけたか）　第11章
　1999年　大阪教育大学教育学部教養学科スポーツコース卒業
　2001年　大阪教育大学大学院教育学研究科保健体育専攻修士課程修了
　2005年　大阪市立大学大学院医学研究科基礎医科学専攻博士課程修了（博士［医学］）
　現　在　島根大学教育学部健康・スポーツ教育講座准教授

安部　惠子（あべ　けいこ）　　第 12 章
　1982 年　武庫川女子大学文学部教育学科体育専攻卒業
　1999 年　大阪教育大学大学院教育学研究科健康科学専攻修士課程修了
　2005 年　兵庫教育大学大学院連合学校教育学研究科教科教育実践学専攻博士
　　　　　課程修了（博士［学校教育学］）
　現　在　大阪成蹊大学教育学部副学部長・子ども教育研究所副所長
　［主要著作］
　『健康・スポーツの科学』（共著）嵯峨野書院，2006 年
　『スポーツ指導者のためのスポーツと法』（共著）嵯峨野書院，2011 年
　『新・保育と健康』（共編著）嵯峨野書院，2018 年

新・スポーツ生理学〈やさしいスチューデントトレーナーシリーズ 3〉 ≪検印省略≫

2018年10月20日　第1版第1刷発行

監　　修　一般社団法人メディカル・フィットネス協会
編著者　三村寬一
　　　　鉄口宗弘
発行者　前田　茂
発行所　嵯峨野書院

〒615-8045　京都市西京区牛ヶ瀬南ノ口町39　電話(075)391-7686　振替 01020-8-40694
©Medical Fitness Association, 2018　　　　　　　　　　創栄図書印刷・藤原製本
ISBN978-4-7823-0576-8

JCOPY〈出版者著作権管理機構 委託出版物〉
本書の無断複写は著作権法上での例外を除き禁じられています。複製される場合は，そのつど事前に，出版者著作権管理機構（電話 03-3513-6969，FAX03-3513-6979，e-mail：info@jcopy.or.jp）の許諾を得てください。

◎本書のコピー，スキャン，デジタル化等の無断複製は著作権法上での例外を除き禁じられています。本書を代行業者等の第三者に依頼してスキャンやデジタル化することは，たとえ個人や家庭内の利用でも著作権法違反です。

やさしい スチューデント トレーナー シリーズ

1 スポーツ社会学
八木田恭輔 編

B5・並製・114頁・定価（本体1900円+税）

- 第1章　社会体育の基本的な考え方
- 第2章　スポーツと社会
- 第3章　スポーツと文化
- 第4章　スポーツ組織活動
- 第5章　地域とスポーツ活動

2 新 スポーツ心理学
伊達萬里子 編

B5・並製・198頁・定価（本体2600円+税）

- 第1章　スポーツ心理学の内容
- 第2章　スポーツスキルの制御と学習
- 第3章　スポーツスキルの効果的な学習法
- 第4章　スポーツの動機づけ
- 第5章　スポーツと発達
- 第6章　スポーツ集団の構造と機能
- 第7章　スポーツマンの性格と態度
- 第8章　スポーツと心の健康
- 第9章　スポーツにおける「あがり」
- 第10章　スポーツカウンセリング
- 第11章　コーチングの心理

3 新 スポーツ生理学
三村寛一・鉄口宗弘 編

B5・並製・144頁・定価（本体2400円+税）

- 第1章　骨格系とスポーツ
- 第2章　筋肉とスポーツ
- 第3章　呼吸器系とスポーツ
- 第4章　循環器系とスポーツ
- 第5章　脳・神経系とスポーツ
- 第6章　エネルギー代謝とスポーツ
- 第7章　代謝とスポーツ
- 第8章　体温調節とスポーツ
- 第9章　免疫系とスポーツ
- 第10章　内分泌系とスポーツ
- 第11章　肥満とスポーツ
- 第12章　運動プログラムの理論
- 第13章　運動プログラムの実践例

4 新 スポーツ医学
藤本繁夫・大久保　衛 編

B5・並製・234頁・定価（本体2700円+税）

- 第1章　スポーツ医学とは
- 第2章　スポーツと健康
- 第3章　スポーツ選手の健康管理
- 第4章　スポーツに起こりやすい病気と内科的障害
- 第5章　生活習慣病とスポーツ
- 第6章　特殊環境下でのスポーツ障害とその予防
- 第7章　スポーツ選手に起こりやすい外傷・障害（整形外科系）とその予防
- 第8章　スポーツ外傷・障害後のトレーニング
- 第9章　コンディショニング
- 第10章　遠征でのスポーツ医学
- 第11章　スポーツと嗜好品，サプリメント，薬物
- 第12章　救急処置

5 新 スポーツ栄養学
井奥加奈 編

B5・並製・188頁・定価（本体2600円+税）

- 第1章　食事設計と健康
- 第2章　栄養と運動
- 第3章　栄養素の消化・吸収
- 第4章　エネルギー代謝と身体活動
- 第5章　日本人の食事摂取基準
- 第6章　肥満と身体組成
- 第7章　スポーツのための食事学
- 第8章　水分補給

6 スポーツ指導論
三村寛一 編

B5・並製・134頁・定価（本体2100円+税）

- 第1章　スポーツ指導の意義と目標
- 第2章　トレーニング計画とその様式
- 第3章　指導段階とその設定
- 第4章　指導形態と適正人数
- 第5章　指導施設の選択と用具の準備
- 第6章　指導計画作成の実際

7 アスレティック・リハビリテーション
小柳磨毅 編

B5・並製・216頁・定価（本体2850円+税）

- 第1章　アスレティック・リハビリテーション総論
- 第2章　部位・疾患別リハビリテーション
- 第3章　競技特性とリハビリテーション

8 コンディショニング
小柳磨毅 編

B5・並製・148頁・定価（本体2300円+税）

- 第1章　コンディショニング
- 第2章　ストレッチングの実際
- 第3章　PNFの実際
- 第4章　関節モビリゼーションの実際
- 第5章　スポーツマッサージの実際
- 第6章　アイシングの実際
- 第7章　コンディショニングのための測定法

9 テーピング
髙木信良 編

B5・並製・110頁・定価（本体2200円+税）

- 第1章　テーピングとは
- 第2章　テーピングを実施する前に
- 第3章　テーピングの基本テクニック
- 第4章　基本となる巻き方
- 第5章　応急手当のテーピング
- 第6章　再発予防のテーピング